EDIÇÕES BESTBOLSO

Tira-manchas

Extremamente dedicada à família, Nenzinha Machado Salles (1921-2000) especializou-se na arte de gerir um lar, acumulando conhecimentos preciosos, muitos deles aprendidos com Sebastiana, colaboradora nos serviços domésticos que a acompanhou por mais de uma década. Generosa, a autora teve a ideia de organizar sua sabedoria de dona de casa em livro, e, assim, passar adiante suas dicas e quebra-galhos para ajudar as mulheres de todo o Brasil. Nenzinha Machado Salles foi membro da Academia Petropolitana de Letras. É autora de *Maria melado*, *Sebastiana quebra-galho*, *Sebastiana quebra o galho da mulher independente*, *Sebastiana quebra o galho do homem solteiro*, entre outros.

Nenzinha Machado Salles

TIRA-MANCHAS

Edição revista

9ª edição

RIO DE JANEIRO – 2011

Cip-Brasil. Catalogação-na-fonte
Sindicato Nacional dos Editores de livros, RJ

S116t
9ª ed.
Salles, Nenzinha Machado, 1921-2000
Tira-manchas / Nenzinha Machado Salles. – 9ª edição –
Rio de Janeiro: BestBolso, 2011.

ISBN 978-85-7799-242-3

1. Manchas – Remoção. 2. Economia doméstica. I. Título.

10-1410

CDD: 646.6
CDU: 646.61

Tira-manchas, de autoria de Nenzinha Machado Salles.
Título número 175 das Edições BestBolso.
Nona edição impressa em agosto de 2011.
Texto revisado conforme o Acordo Ortográfico da Língua Portuguesa.

Copyright © 2009 by herdeiro de Arminda Machado Salles.
Publicado mediante acordo com Dade Comunicação Ltda.

www.edicoesbestbolso.com.br

Design de capa: Simone Villas-Boas

Todos os direitos reservados. Proibida a reprodução, no todo ou em parte, sem autorização prévia por escrito da editora, sejam quais forem os meios empregados.

Direitos exclusivos de publicação em língua portuguesa para o Brasil em formato bolso adquiridos pelas Edições BestBolso um selo da Editora Best Seller Ltda. Rua Argentina 171 – 20921-380 – Rio de Janeiro, RJ – Tel.: 2585-2000

Impresso no Brasil

ISBN 978-85-7799-242-3

*Com muito amor e carinho
dedico este livro aos meus filhos e noras,
José Eduardo e Maria Cristina,
Antonio Carlos e Elizabeth,
e aos meus netos,
Eduardo, Ana Luisa, Flávia e Renato,
minha família, meu tesouro.*

Sumário

Introdução   9

CASA EM GERAL

Abajures	13
Aparelhos eletrodomésticos	13
Azulejos	14
Chão	14
Cortinas	18
Cristais	19
Espelhos	19
Ferro de passar roupa (base)	20
Geladeira	20
Louças – porcelanas	21
Mármores	22
Paredes	25
Pias, banheiras e vasos sanitários	27
Portas	29
Quadros	30
Talheres	30
Vidros e vidraças	31

COUROS

Para artigos em geral: bolsas, sapatos, cintos, roupas etc.	35
Preparado para tirar manchas em couro	35

LIVROS E PAPÉIS

Decalcomania	46
Papel de parede	46

METAIS

Aço	51
Aço inoxidável	51
Alumínio	52
Bronze	52
Chaves	53
Cobre	53
Dourados	54
Estanho	54
Ferro	54
Folha de flandres	55
Pratas	57
Vermeil	58
Zinco	58

MÓVEIS

Aço escovado	61
Alumínio	61
Esmaltados	62
Estofados de couro	62
Estofados de tecido	62
Estofados de seda e lã	64

Estofados de veludo	64
Fórmica	65
Laca	66
Laqueado	66
Mesas (tampos) com forro de couro	67
Metal em móveis	67
Móveis de madeira	67
Móveis de plástico	74
Móveis de vime – bambu – palhinha	75

OBJETOS DIVERSOS

Alabastro	79
Borracha	79
Couro	80
Madeira	80
Marfim	80
Osso	81
Plástico	81
Porcelana	81

TAPETES E CARPETES

Manchas desconhecidas	87
Tratamentos diversos	87
Carpetes danificados	89
Manchas específicas	90

Tapetes de linóleo	104
Tapetes de pelo de camelo	104
Tapetes de sisal	104

TECIDOS EM GERAL

Algumas substâncias usadas para tirar manchas	108
Como dosar uma solução	110
Natureza dos tecidos	110
Manchas específicas	111
Outras manchas	154
Manchas difíceis de sair	166
Manchas persistentes	167
Manchas não específicas	167
Manchas não específicas em lãs	168
Manchas gordurosas	168
Graxas e gorduras	169
Manchas ácidas	169
Tecidos plásticos	169
Manchas comuns em tecidos de pano	170
Para tirar manchas comuns	170
Tecidos de fibras artificiais	171
Tecidos de fibras sintéticas	172
Tecidos sintéticos e artificiais	174
Manchas nas mãos	174

Introdução

*T*ira-manchas nada mais é do que um complemento do meu livro *Sebastiana quebra-galho*, um manual para consultas do dia a dia da dona de casa, e tenho certeza de que, como ele, também estará circulando pela casa e será seu novo livro de cabeceira.

Hoje, tirar manchas já não é mais um deus nos acuda.

Este livro não trata apenas das manchas das roupas, tecidos e tapetes, mas de quase todos os objetos de casa. Assim, você vai poder ficar tranquila quando aparecerem manchas nos mármores, nas portas, nas paredes e no chão, pois vai encontrar aqui várias maneiras para solucionar o seu problema.

Contudo, retirar uma mancha requer persistência e paciência, pois ela não desaparece como num passe de mágica. Mas seja qual for a maneira escolhida, a operação deve ser realizada até o completo desaparecimento da mancha, se possível sem deixar vestígios.

A partir de agora, quando uma visita desastrada derramar o cafezinho sobre o estofado novo de sua poltrona ou em cima do seu carpete, você já pode dizer: "Não tem importância, não se preocupe, eu tenho o livro *Tira-manchas*..."

Nenzinha Machado Salles

Casa em geral

ABAJURES

ABAJURES DE PERGAMINHO
Esfregue uma borracha limpa e macia nas manchas; retire cuidadosamente o pó com um pano e, em seguida, esfregue com um outro pano macio e umedecido com álcool. Depois, enxugue bem com uma flanela limpa e seca.

ABAJURES DE PLÁSTICO
As manchas vão desaparecer facilmente se você esfregar uma esponja com sabão de coco e água. Em seguida, lave com água limpa e enxugue.

LAMPIÃO DE FERRO BATIDO
Ferrugem – Passe primeiro uma lixa e, em seguida, gasolina.

APARELHOS ELETRODOMÉSTICOS (LIQUIDIFICADOR, BATEDEIRA, TORRADEIRA ETC.)

RESÍDUOS DE PLÁSTICO
Se algum desses aparelhos ficar com manchas de queimado, esfregue-o com removedor de esmalte de unhas ou com fluido de isqueiro.

AZULEJOS

Esfregue com querosene.
Pode-se também usar uma solução fraca, na proporção de 1 litro de água para 1 colher de sopa de amoníaco, esfregando com um pano. Se a mancha persistir, use, juntamente com essa solução, uma palha de aço nova e sabão de coco. Em seguida, enxágue.
Use um limpador multiuso.

AMARELADOS
Além do processo descrito acima, pode-se esfregar suco de limão e gasolina.

MOFO
Na massa entre os azulejos – Esfregue com água sanitária. Se a mancha persistir, passe uma graxa líquida, branca, para sapatos. Se a graxa borrar o azulejo, espere secar e retire com um pano.

TINTA
Seus respingos são facilmente removidos com acetona.

CHÃO

ASSOALHO DE MADEIRA
ÁGUA
Coloque óleo de linhaça ou cera amarela sobre a mancha e deixe por algumas horas.
Se forem apenas respingos de água, esfregue a sola do chinelo no sentido da madeira. Em seguida, passe a enceradeira.

CAL
Se a cal estiver grossa, raspe primeiro com uma faca, depois use vinagre branco.

COLA
Raspe o grosso com uma lâmina. Em seguida, coloque um papel de seda por cima e passe o ferro quente, mudando sempre o papel de lugar até que a mancha saia.

COLA INSTANTÂNEA
Não use solvente. Remova cuidadosamente a película do adesivo com a lâmina de uma faca afiada.

DESBOTADO
Aplique cera comum e graxa de limpar sapatos (clara ou escura, conforme o tom do assoalho). Deixe secar bem antes de dar brilho.

ESMALTE DE UNHAS
Procure limpar imediatamente. Se isso não for possível, espere o esmalte endurecer antes de fazer qualquer tentativa para removê-lo. Se o esmalte estiver bem seco, é só descascá-lo.

Se tiverem caído apenas alguns pinguinhos, remova-os de imediato, passando cera antes que sequem. Se já estiverem secos, use um solvente, e encere em seguida.

FRUTAS
- Lave o local com água e detergente. Depois de seco, encere.
- Lave com um alvejante bem diluído. Em seguida, enxágue e enxugue bem. Se for necessário, passe uma palha de aço bem fininha, encere e lustre.

GORDURA
- Cubra o local imediatamente com água gelada ou bem fria, para evitar que a madeira absorva a gordura. Remova com um pano ou papel absorvente e jogue água bem quente com detergente. Enxugue e encere.

- Remova imediatamente a gordura, cobrindo com bastante talco e deixando ficar por algumas horas, até que tenha sido absorvida. Retire o talco, cubra o local com mata-borrão, papel absorvente ou, ainda, com papel de seda, e passe por cima o ferro quente, mudando sempre de lugar até que a mancha tenha desaparecido completamente. Se não sair com o talco, passe uma lixa de papel no sentido do comprimento da madeira e encere. A gasolina é ótima para dissolver manchas de gordura.

Manchas antigas – Amoleça primeiro a mancha com óleo e, depois, use o processo do talco.

OVO
Cubra a mancha da gema com sal e deixe até que seque. Depois, é só varrer.

PICHE
Use cera comum sólida.

REBOCO (FRESCO)
Deixe secar bem antes de passar a palha de aço. Varra e passe um pano úmido.

RISCADO
Passe palha de aço e depois encere. O riscado desaparece, mesmo que seja profundo.

RISCADO DE MÓVEIS
Passe primeiro uma lixa de papel, tamanho médio, sempre no sentido do comprimento da madeira. Tire bem o pó e encere.

SALTO DE SAPATO
Nas marcas leves, esfregue borracha de lápis comum.
Nas marcas mais acentuadas, passe terebintina ou querosene.

TINTA DE ESCREVER

Manchas recentes – Enxugue imediatamente com mata-borrão ou papel absorvente. Em seguida, passe uma esponja embebida em leite ou em água morna. Tire com álcool, limão ou ainda vinagre branco. Deixe secar, passe palha de aço e encere.

Manchas antigas – Se as manchas recentes de tinta já são difíceis de tirar, essas são dificílimas. Mas vamos tentar: primeiro, molhe o local com água fervente. Em seguida, esfregue com uma solução de cloreto de estanho.

Pode-se tentar, também, esfregar uma solução de água, amoníaco e sabão de coco. Lave e deixe secar.

Passe palha de aço e encere.

TINTA A ÓLEO

- Passe aguarrás.
- Passe palha de aço no sentido da madeira e encere.
- Use um solvente.

TINTA DE PAREDE

Manchas recentes – Remova com essência de terebintina.

Manchas antigas – Embeba um pano em aguarrás, coloque sobre a mancha e deixe ficar por duas horas. Em seguida, esfregue com palha de aço para igualar. A mancha vai desaparecer instantaneamente. Limpe o local e, se necessário, encere.

VINHO

Use o mesmo processo descrito em FRUTAS.

LADRILHOS

Manchas em geral – Esfregue com um limpador embebido em amoníaco.

CIMENTO

Esfregue com um pano embebido em terebintina. Depois, enxágue com água morna, terminando com água fria.

ESMALTE
Use o mesmo processo descrito em ASSOALHO.

GESSO
Use o mesmo processo descrito em CIMENTO.

TINTA
Seus respingos saem facilmente passando-se acetona.

VERNIZ
Use o mesmo processo de CIMENTO.

Chão e pisos de mármore, veja MÁRMORES.

CORTINAS

Para tirar manchas em cortinas de algodão, seda, veludo, plástico ou tecidos sintéticos, veja as instruções das respectivas manchas no item TECIDOS.

GANCHOS DE CORTINA
Ferrugem – Coloque os ganchos numa vasilha contendo um pouco de amoníaco e deixe-os de molho por meia hora. Então, agite-os bem com um pedaço de madeira. Retire-os da solução e espere até que fiquem bem secos.

PERSIANAS
Manchas leves – Esfregue borracha de lápis.
Manchas mais difíceis – Esfregue álcool ou uma solução de água com amoníaco.

CRISTAIS

As manchas geralmente desaparecem quando esfregadas com uma fatia de cebola cortada na hora.
Pode-se, também, usar uma solução feita de café e bicarbonato.

GARRAFAS E GARRAFÕES
Manchas internas – Encha-os até a metade com água quente (mas não quente demais, para não rachar), acrescente 1 colher de sobremesa de sal e um pouco de jornal picado. Sacuda de vez em quando, até que a água esfrie. Enxágue em seguida.

LICOREIRA
Manchas internas – Coloque ¼ de xícara de chá de vinagre branco e um punhado de cascas de ovos moídas dentro da licoreira. Deixe agir por algumas horas, sacudindo de vez em quando. Enxágue.

MOFO
Misture um pouco de alfazema com álcool puro e esfregue nos cristais com algodão. Deixe secar e passe álcool puro. Deixe secar novamente e passe um pano tipo linho, para não deixar fiapos.

ESPELHOS

Algumas manchas saem passando-se uma solução de água com bicarbonato.
Manchas em geral – Um ótimo produto para se retirar manchas de espelho é polidor de automóvel. Esfregue com um pano.

ADESIVOS
Tire com removedor de esmalte comum.

LAQUÊ
Esfregue álcool.

FERRO DE PASSAR ROUPA (BASE)

Manchas em geral – De um modo geral, suas manchas saem esfregando-se uma mistura de água morna e vinagre branco. Se elas persistirem, recorra a um produto de limpar pratas. Em seguida, enxágue e deixe secar bem.

Manchas de tecido sintético – Este tecido, quando passado com o ferro muito quente, derrete, e deixa resíduos grudados. Espere o ferro esfriar, pegue uma palha de aço fina, nova e limpa, molhe-a na solução de vinagre branco com água, passe-a no sabão de coco e esfregue-a pacientemente sobre os locais até as manchas sumirem. Limpe com água e enxugue.

GELADEIRA

PARTE INTERNA
MOFO
Esfregue com um pano molhado numa solução de ½ litro de água com 1 colher de sopa de bicarbonato. Passe essa solução por toda a parte interna. Seque com um pano limpo. Se ainda restar algum vestígio de mofo, umedeça uma esponja ou pano com água, borrife com bicarbonato seco e esfregue sobre o local. Depois, seque com pano.

PARTE EXTERNA

Manchas amareladas – Esfregue o local com um pano embebido em água sanitária. Em seguida, dê um polimento com cera incolor e um pano bem limpo. Antes que a cera seque, passe uma flanela limpa.

MARCAS DE OBJETOS

As marcas deixadas por objetos que ficaram em cima da geladeira podem ser retiradas esfregando-se uma palha de aço fina e sabão de coco. Depois, passe água limpa e seque.

Se as manchas persistirem, passe um pouco de clorofórmio.

LOUÇAS – PORCELANAS

ACRÍLICO
ACETONA

As manchas brancas deixadas pela acetona que respingou no acrílico podem ser atenuadas passando-se um pouco de glicerina.

CINZEIROS
CAFÉ E CIGARRO

Esfregue um pano umedecido com água e bicarbonato seco. Pode-se, também, esfregar sal seco.

Manchas castanhas ou marrons – Esfregue sal seco fino.

Ferrugem – As manchas que aparecem sob as bordas saem facilmente ao esfregar no local seco uma palha de aço fina também seca. Se a mancha persistir, esfregue com água sanitária.

PORCELANA (BULES DE CAFÉ, CHÁ, CHOCOLATE)

Manchas recentes – Esfregue com uma metade de limão molhado em um pouco de sal. Depois, lave com água quente e sabão de coco.

Manchas antigas – Esfregue um pano umedecido em água com bicarbonato seco. Pode-se substituir o bicarbonato por levedo de cerveja.

PRATOS REFRATÁRIOS
Manchas escuras – Essas manchas desaparecem esfregando-se uma escovinha umedecida com água e bicarbonato seco. Enxágue e seque.

MÁRMORES

De um modo geral, nada melhor para se retirar manchas de mármore (especialmente dos mármores brancos), que vinagre branco, água oxigenada, refrigerante tipo cola e ácido acético. Com este último, porém, a limpeza deve ser rápida, para não danificar o mármore.

Algumas manchas saem facilmente com cinzas de fogão, farinha de trigo ou serragem. Depois de removidas, lave com água quente ou lixívia.

Pode-se usar, ainda, água sanitária (que geralmente age na hora), parafina (tira quase todas as manchas), ou uma mistura feita com um limpador amoníaco e detergente. Enxágue.

Nota – Se o mármore for encerado e após a retirada de uma mancha o local ficar fosco, passe cera e lustre.

CHÃO – PISOS
ÁCIDO
Se o mármore estiver queimado por ácido, aplique um pouco de querosene sobre a mancha durante alguns dias.

Ferrugem – Passe um limpador multiuso e depois esfregue uma palha de aço fina com saponáceo em pó. Enxágue. Se a mancha persistir, use uma solução de água com amoníaco. Deixe secar bem, encere e lustre.

GORDURAS

Primeiro, esfregue sobre a mancha um pano engordurado (pode ser com óleo de cozinha). Depois, passe água quente com detergente ou sabão de coco e enxágue.

Faça uma pasta com gesso, bicarbonato, gotas de benzina e água (na quantidade necessária para dar consistência) e cubra toda a mancha. Deixe ficar até que a pasta esteja bem seca. Retire e lave bem o local.

TINTA

Faça uma pasta com gesso e benzina e siga as orientações descritas no item anterior

Cubra imediatamente o local com cinza de fogão ou farinha de trigo e deixe ficar por alguns minutos. Retire e pingue sobre a mancha algumas gotas de água oxigenada e pedra-pomes em pó bem fininha. Esfregue vigorosamente. Depois, passe água.

TINTA DE PAREDE

Esfregue saponáceo em pó com um pano umedecido em água. Enxágue e seque.

MÁRMORES ANTIGOS (LEGÍTIMOS)

Jamais limpe-os com limão, pois poderá corroê-los, danificando-os. O limão e o ácido acético deixam uma mancha esbranquiçada, que deve ser retirada imediatamente. Para isso, basta esfregar o local com um pano embebido em azeite doce.

MESAS – TAMPOS – BANCADAS
ÁCIDO

Limpe durante dias seguidos com querosene até que a mancha desapareça e melhore a porosidade.

COLA COMUM

Despeje água morna por cima da cola, deixando até que amoleça ou dissolva. Então, é só lavar.

COLA INSTANTÂNEA

Despeje um pouco de acetona sobre a mancha, deixando ficar por alguns minutos. Em seguida, com um objeto pontiagudo (faca, tesoura etc.), raspe leve e cuidadosamente a película, para evitar riscar o mármore. Enxágue e seque.

Ferrugem – Se o mármore não for antigo (do legítimo), esfregue o local com suco de limão e coloque um pouco de sal fino por cima, deixando repousar por 15 minutos. Friccione levemente com uma palha de aço fina e sabão de coco. Enxágue e seque.

FRUTAS

Saem facilmente esfregando-se suco de limão.

GORDURAS

Coloque sobre a mancha um pouco de vinagre branco e deixe por alguns minutos. Lave com água morna.

Veja também GORDURAS, no item CHÃO/PISOS.

LÁPIS

Esfregue miolo de pão branco até a mancha desaparecer.

ÓLEO–AZEITE

Use o mesmo processo de GORDURAS.

TINTA

Cubra logo com cinza ou farinha de trigo, deixando por algum tempo. Retire e jogue água oxigenada por cima. Esfregue com pó muito fino de pedra-pomes. Enxágue e seque.

Outras manchas escuras – Umedeça pedra-pomes em pó ou branco de espanha, com água, e esfregue sobre o local.

TINTA DE ESCREVER

Esfregue com saponáceo em pó bem fino. Passe água limpa e seque.

PIAS E BANHEIRAS

De um modo geral, essas manchas desaparecem polvilhando-se bem o local com sal fino. Em seguida, pingue algumas gotas de água oxigenada 20 volumes para umedecer, deixando ficar por algumas horas. Esfregue com uma escovinha e enxágue.

Ferrugem – Pingue no local uma solução feita com sal de azedas diluído em um pouco de água (tome cuidado ao lidar com esse produto, pois é tóxico).

A mistura também pode ser de sal comum com terebintina.

PAREDES

Esfregue com miolo de pão branco, ou borracha plástica, ou, ainda, borracha branca usada em artes plásticas.

ADESIVOS
Tire com removedor de esmalte de unhas.

BATOM
Se a parede for lavável, use um limpador multiuso.

CREIOM
Esfregue com fluido de isqueiro.

GORDURA
Coloque sobre a mancha uma pasta feita com maisena e água, deixe ficar por algumas horas ou por uma noite, até que a pasta esteja bem seca. Escove. Se necessário, repita a operação.

Se a mancha for pequena, procure tirá-la imediatamente, esfregando um algodão com bastante talco.

GRAXA
Use o mesmo processo de GORDURA.

MOFO
Tire toda a poeira com um pano seco; em seguida, embeba um pano em água sanitária e passe no local manchado. Não enxágue. Deixe secar naturalmente.

Se após algum tempo a mancha voltar, repita a operação.

TINTA ESFEROGRÁFICA
Embeba um pano em vinagre branco e pressione-o sobre a mancha, mudando sempre o pano de lugar. Depois, enxugue com pano limpo, também sem esfregar. Repita a operação quantas vezes forem necessárias.

Tire com água sanitária. Depois, passe água pura.

TINTA A ÓLEO ACETINADA
Limpe com água e sabão de coco.

TINTA FOSCA
Limpe com água e sabão de coco.

TINTA PLÁSTICA
Limpe com água e sabão de coco.

UMIDADE
Coloque uma folha de zinco no meio do aposento e sobre ela um pouco de enxofre, que deverá ser queimado, espalhando sua fumaça por todo o cômodo.

PIAS, BANHEIRAS E VASOS SANITÁRIOS

PIAS DE AÇO INOXIDÁVEL
De um modo geral, quase todas as manchas em pias saem usando-se um algodão molhado em vinagre branco.
- Esfregue bem e deixe secar. Dê brilho.
- Remova usando fluido de isqueiro.
- Esfregue uma esponja umedecida em água e saponáceo em pó bem fininho (sem cloro). Depois, enxágue e seque.
- Use um limpador multiuso.

ÁGUA
Esfregue com álcool.
Manchas escuras – Esfregue um pano molhado numa solução de água com amoníaco. Use um produto de limpar forno.
Manchas resistentes – Esfregue um pano com um produto de limpar prata. Deixe secar e dê brilho com flanela.

PIAS DE PLÁSTICO LAMINADO
É muito difícil remover essas manchas e jamais se deve usar palha de aço ou qualquer outro abrasivo, pois o tampo pode ficar inutilizado.

Mas pode-se tentar removê-las usando uma solução de leite, água pura e água sanitária em partes iguais. Derrame um pouco sobre a mancha, deixando ficar por apenas um minutinho. Retire e enxágue bem com água pura.

PIAS E BANHEIRAS DE LOUÇA
AMARELADAS
Escolha uma das opções:
- Nas banheiras brancas que forem antigas, use uma solução forte de cloro.

- Em qualquer pia ou banheira: umedeça o local com água, esfregue bem com um limão cortado ao meio e deixe por meia hora. Depois, esfregue uma palha de aço fina com pasta de limpeza e enxágue.
- Esfregue uma solução feita com sal e terebintina. Enxágue.
- Faça uma mistura de água oxigenada, cremor de tártaro e gotas de amoníaco. Esfregue bastante no local da mancha. Enxágue bem.

ESVERDEADAS

Para manchas de aquecedor de gás, use os mesmos processos de AMARELADAS.

Ferrugem – Geralmente essa mancha se forma pelo pingar constante da torneira. Escolha uma das seguintes opções para retirar a mancha de ferrugem:
- Passe suave e pacientemente um algodão ou pano embebido em água oxigenada sobre a mancha até que desapareça.
- Esfregue uma pasta feita de bórax e suco de limão.
- Umedeça um pano e esfregue com cremor de tártaro.

PIAS E BANHEIRAS DE MÁRMORE
Ver MÁRMORES.

PIAS E BANHEIRAS PRETAS

Esfregue primeiro com pedra-pomes em pó fininho. Enxágue e deixe secar bem. Em seguida encere.

Nas manchas mais resistentes, esfregue uma pasta feita de cremor de tártaro e água oxigenada. Deixe a pasta até secar. Tire, limpe e encere.

VASOS SANITÁRIOS

Manchas em geral – Podem ser eliminadas esfregando-se um pano embebido em gasolina – ou qualquer outro derivado de petróleo – sobre o local.

Um pouco de cal virgem fervendo também vai tirar as manchas amareladas dos vasos.

Para remover as manchas internas, pode-se fazer o seguinte: retire a água do vaso, esfregue e deixe agindo, por pelo menos duas horas, uma pasta feita com bórax e suco de limão. Esfregue com uma escova dura e dê a descarga.

Se o vaso sanitário for muito antigo, depois de retirada a água, esfregue primeiro com uma lixa de água.

PORTAS

ESMALTADAS – ENVERNIZADAS – DE MADEIRA BRANCA

De maneira geral, as manchas nessas portas saem esfregando-se uma batata crua cortada ao meio. À medida que a batata for ficando suja, tire uma fatia, continuando assim até que a mancha desapareça.

Use um limpador multiuso.

DEDOS

Esfregue sobre a mancha uma mistura feita de 1 parte de terebintina para 2 partes de óleo de cozinha. Depois, passe um pano úmido com água.

Use um limpador multiuso.

ESMALTE DE UNHAS

Passe primeiro, cuidadosamente, uma palha de aço fina. Em seguida, esfregue levemente um algodão embebido em acetona.

TINTA DE CANETA

Tire com água sanitária.

QUADROS

MOLDURAS DE MADEIRA
Ver MADEIRA, em "Móveis".

MOLDURAS DE METAL
Ver METAIS.

TELAS A ÓLEO
MOFO
Esfregue de leve uma mistura de amoníaco e sal.

TALHERES

AÇO INOXIDÁVEL
Manchas pretas – Umedeça um pouco o local da mancha. Então, esfregue um produto de limpar prata usando a parte achatada de uma rolha.

PRATA
Algumas manchas desaparecem deixando-se o talher de molho em leite azedo por algum tempo. Enxágue com água pura.
Também pode-se esfregar uma pasta feita de sal fino e água.
Enxágue com água pura.
Veja também PRATA, em "Metais".

FRUTAS
Antes de polir um talher manchado com nódoas de frutas, esfregue-o com uma batata crua cortada.

OVO
Escolha uma das opções:
- Esfregue uma batata crua cortada ao meio.
- Esfregue com a mistura de água e vinagre branco.
- Nas manchas recentes, basta esfregar com uma palha de aço fina e sabão de coco, que, além de retirar a mancha, vai deixar o talher brilhando.

Manchas profundas – Essas manchas, mesmo que sejam mais resistentes, sairão facilmente com um produto de limpar prata.

CABO DE OSSO
Ver OSSO, em "Objetos vários".

VIDROS E VIDRAÇAS

COLA
Primeiro, raspe com gilete. Em seguida, esfregue uma palha de aço fina molhada em álcool até que desapareça por completo.

GORDURA
Esfregue um pedaço de cebola crua no local. Depois, passe um pano umedecido em água.

MASSA DE VIDRACEIRO
Mancha endurecida – Passe óleo de linhaça bem quente e raspe. Se a massa estiver muito dura, coloque sobre ela um ferro (tipo maçarico) bem aquecido na chama do fogo.

PINTURAS
Esfregue um pano embebido em terebintina.

TINTA A ÓLEO, CAL

Esfregue vinagre branco e, em seguida, uma solução forte de água com amoníaco. Usando esse método, as manchas sairão muito mais rápido do que se usarmos apenas água e sabão. Veja também ESPELHOS.

Couros

PARA ARTIGOS EM GERAL:
BOLSAS, SAPATOS, CINTOS, ROUPAS ETC.

As receitas aqui indicadas são para o tratamento de manchas em couro natural, ou seja, de origem animal, não servindo para couro plástico ou sintético.

No caso de manchas resistentes, cubra a peça com tinta para pintar sapatos da mesma cor do couro e deixe secar bem. Engraxe e lustre. Agindo assim, a peça ficará como nova.

PREPARADO PARA TIRAR MANCHAS EM COURO

Além das inúmeras maneiras que conhecemos para se tirar manchas em peças de couro, é sempre bom ter em casa o preparado descrito abaixo.

Preparado para tirar manchas de: TINTA – GORDURAS – FRUTAS – VINHO TINTO E OUTRAS

- 4ml de cloreto de potássio
- 60ml de água
- 60ml de ácido clorídrico
- 15ml de essência de limão
- 90ml de álcool a 85%

Modo de preparar:
Dissolva o cloreto de potássio na água e junte o ácido clorídrico. Reserve. À parte, misture a essência do limão com o álcool em um vidro, acrescentando então a primeira solução reservada. Guarde em vidro bem fechado.

Aplique este preparado no lado avesso do couro, usando uma esponja, e deixe secar normalmente. Depois, limpe, esfregando com um pano. Se for necessário, passe uma leve camada de pedra-pomes em pó.

ÁGUA
Se o artigo foi muito atingido, passe rapidamente um algodão molhado em álcool. Deixe secar e engraxe.

Espere que seque um pouco, ficando apenas úmido, e esfregue-o vigorosamente com uma flanela ou pano de lã. Passe graxa incolor e lustre.

ÁGUA SALGADA
Use uma mistura de água comum e vinagre branco. Enxugue e deixe secar. Se necessário, engraxe.

ARRANHADO
- Aplique uma tinta acrílica própria para pintura ou uma tinta indicada para tirar arranhões de automóvel.
- Coloque sobre o local um lustrador líquido e deixe ficar até que esteja completamente seco.
- Passe um pouco de cera do mesmo tom do couro. O arranhão vai ficar bem suave ou até mesmo sumir.

Cor clara – Esfregue uma borracha escolar dura sobre os lugares arranhados.

ATRITO
As manchas escuras que frequentemente aparecem em couros claros (especialmente em malas) podem ser tiradas com suco de limão.

BOLOR
Ver MOFO.

ESCURAS
Esfregue bem o local com uma batata crua cortada ao meio.

GORDURAS
Manchas recentes – Coloque, imediatamente, talco ou farinha de trigo sobre a mancha, deixando agir por algumas horas. Escove. Se a mancha persistir, coloque um papel de seda sobre o local e passe o ferro quente, mudando sempre o papel de lugar até que a mancha desapareça por completo.

Use terebintina ou benzina, álcool ou até aguarrás; em seguida, cubra bem com talco, deixando ficar por várias horas.

Embeba um mata-borrão com benzina e pressione sobre a mancha até sair.

Manchas antigas – São dificílimas de sair. Se o couro for grosso, passe primeiro um pano molhado com espuma de sabão. Se ainda persistir, passe levemente um cotonete embebido em álcool ou benzina. Coloque talco e deixe por algumas horas. Depois, engraxe com cera incolor.

MOFO
- Escove para tirar a poeira. Em seguida, esfregue um pano molhado em vinagre branco, enxugue com flanela e deixe secar bem. Para reavivar o couro, passe ligeiramente um pouco de glicerina.
- Passe vaselina e deixe até o dia seguinte. Limpe com um pano macio.
- Use um pano molhado em terebintina.
- Lave o local com uma solução fraca de ácido fênico. Esfregue com um pano úmido e deixe secar.
- Use uma solução saturada de ácido bórico a 5%. Esfregue com um pano úmido e deixe secar bem.
- Use uma solução a 5% de naftalina em benzina. Depois, esfregue com um pano úmido e deixe secar.

Nota – Se após a retirada de uma mancha a pele do couro ficar endurecida, use óleo de peixe para restituir sua maciez.

PICHE
Use cera em pasta ou esfregue uma flanela embebida em suco de limão.

TINTA ESFEROGRÁFICA
- Passe levemente sobre a mancha um algodão molhado em álcool, mudando sempre o algodão de lugar.
- Da mesma maneira descrita anteriormente, substitua o álcool por removedor de cutículas.
- Umedeça ligeiramente um pano em água, molhe em bicarbonato de sódio e esfregue até a mancha sair.

UMIDADE
Esfregue com vinagre branco.

COUROS CLAROS
Nos objetos mais delicados, passe apenas uma borracha especial sobre os pontos das manchas.

Se estiverem muito manchados, lave cuidadosamente com sabonete. Enxugue, deixe secar bem e engraxe.

Passe um pano umedecido em vinagre branco e deixe secar bem. Passe uma pasta incolor própria para sapatos, deixe secar e lustre.

COUROS COLORIDOS
AMARELO
Passe uma escova embebida numa solução feita com 2 colheres de sopa de álcool a 30% (encomende em farmácias) e 1 colher de sopa de glicerina.

BRANCO
Retire com removedor de esmalte as manchas de graxa e piche. Muita atenção para não usá-lo em couros plásticos.

COUROS CRUS
TINTA DE ESCREVER
Borrife o local com laquê e esfregue com um pano seco até a mancha desaparecer por completo.

COUROS DIVERSOS
ANTÍLOPE
Esfregue um chumaço de algodão embebido em éter. Deixe secar bem. Passe uma lixa número zero sobre o objeto ou peça, insistindo onde estiver mais brilhante.

CAMURÇA
Uma palha de aço fina nova e seca friccionada no local certamente irá eliminar as manchas. Depois, use uma escova de aço.

Esfregue um pedaço de pão branco.

Algumas manchas também podem ser eliminadas esfregando-se cuidadosamente o local com aveia em pó aquecida, sempre em movimentos circulares.

Use uma escova dura (arame). Se for necessário, repita a operação.

Se as manchas forem muito fortes, além dos processos citados, pode-se usar uma lixa de unha. Use uma escova umedecida em álcool.

GORDURA – ÓLEO
- Use uma escova de aço. Depois, passe benzina e coloque por cima bastante talco, deixando ficar por um dia ou uma noite. Escove novamente.
- Faça uma pasta com maisena e água, esfregue bem o local e coloque um montinho dessa pasta sobre a mancha, deixando ficar até que a pasta esteja bem seca. Escove.

Em golas de casaco – Pegue um pedaço (ou retalho) da própria camurça do casaco, molhe em benzina retificada e esfregue no local. Deixe secar.

GRAXA
Cor clara (bege, areia, cinza etc) – Primeiro, absorva a graxa com talco, isto é, deixe o talco sobre a mancha por algum tempo e só então escove. Em seguida, esfregue uma palha de aço fina nova e seca até a mancha sumir.

NAPA
MOFO
Passe um pano limpo e seco. Em seguida, molhe com vinagre branco, secando bem. Torne a limpar. Se a napa for branca, limpe esfregando um pano com sapólio em pasta e deixe secar bem, se possível alguns minutos ao sol. Esfrie bem antes de guardar.

VERNIZ
Antes de retirar uma mancha no sapato de verniz, experimente esfregá-la com uma rodela de cebola cortada na hora. Dê brilho com uma flanela.

RACHADURA
A rachadura não é uma mancha, porém é pior do que ela. Para melhorar o aspecto, passe azeite ou óleo de cozinha nos lugares afetados.

VERNIZ BRANCO
Lave as manchas com sabão de coco.

TINTA ESFEROGRÁFICA
- Passe um pouco de álcool 90º.
- Passe suco de limão.

COUROS DOURADOS – PRATEADOS
ARRANHÃO
Coloque um pouco de pasta de dente numa escovinha macia e passe sobre o local.

COUROS MARROM-ESCUROS
Quase todas as manchas nesses sapatos desaparecem se forem esfregadas com a parte interna da casca da banana.

COUROS PRETOS
Qualquer mancha em couro preto vai desaparecer esfregando-se um pedaço de batata crua. Engraxe com pasta preta e lustre.

LUVAS
MOFO
Enfie as luvas dentro de uma lata, onde deverá ser colocado 1 pires de amônia em pó. Feche bem a lata, deixando assim por três dias. Então, é só tirá-las da lata que estarão limpas.

Livros e papéis

Algumas manchas em livros desaparecem esfregando-se um algodão umedecido em água oxigenada. Deixe secar bem antes de guardar.

DEDOS
Esfregue miolo de pão.

GORDURA
Coloque o local manchado entre dois mata-borrões e passe o ferro quente por cima, mudando sempre de lugar até que chupe toda a gordura.

LAMA
Passe primeiro um pano com água quente. Em seguida, ácido clorídrico bem diluído e uma solução fraca de cloreto de cálcio. Passe água fria e deixe a página atingida secando entre dois mata-borrões.

MOFO
- Esfregue um pano umedecido em essência de terebintina nos lugares atingidos. Depois, passe um pano ou flanela limpos.
- Esfregue um pano macio umedecido em vinagre branco. Seque com algodão.
- Aplique sobre o local uma mistura feita de 1 parte de ácido clorídrico para 6 partes de água ou uma solução de cloreto de cal. Lave com água e deixe secar.

MOSCAS
As manchas deixadas pelas moscas saem com vinagre branco passado com um paninho. Deixe secar antes de guardar.

TINTA
- Pingue sobre a mancha umas gotas de ácido oxálico e, depois, uma solução de cloreto de cálcio. Passe água limpa e deixe a folha secar entre dois mata-borrões.
- Molhe o papel com uma solução de 4ml de ácido oxálico, 1ml de hipossulfito de sódio e 50ml de água. Deixe secar sem esfregar.
- Passe no mata-borrão cloreto de cálcio diluído em água, o que vai resultar numa mancha avermelhada, que sairá passando-se amoníaco.

DECALCOMANIA

Poderá ser retirada facilmente usando-se um pano embebido em vinagre branco. Isso também apaga qualquer decalque em superfície pintada sem afetar a pintura.

PAPEL DE PAREDE

GRAXA
Manchas leves – Esfregue levemente uma borracha de desenho macia (borracha branca).

Manchas grossas maiores – Primeiro, tire o excesso com uma faca, usando o lado sem corte. Depois passe sobre a mancha uma camada de pasta feita com maisena e água e deixe ficar por algumas horas ou até que a pasta esteja seca. Retire e limpe o pó que ficou.

LÁPIS

Passe uma borracha comum. Se não sair, passe um algodão embebido em acetona.

TINTA ESFEROGRÁFICA

Embeba um algodão em acetona e pressione sobre a mancha.

Umedeça o local com água e borrife por cima uma camada fina de *spray* para cabelos, deixando por um minuto. Enxugue com um pano esponjoso (tipo toalha).

Metais

AÇO

Como esse metal enferruja com facilidade, deve-se tirar a mancha o mais depressa possível. Para isso, faça uma pasta com miolo de pão e azeite de oliva. Misture bem, passe numa peneira e esfregue até a mancha sair e o brilho voltar completamente.

Se a mancha for superficial, basta esfregar uma palha de aço fina nova e seca. Caso contrário, coloque ácido muriático (sulfúrico) destemperado em um recipiente. Para destemperar o ácido muriático acrescente um pedaço de lâmina de zinco puro (não é zinco de telhado). O ácido vai espumar até que fique destemperado.

Em seguida, coloque o objeto dentro do recipiente com ácido (caso seja pequeno) ou molhe um chumaço de algodão e esfregue sobre o objeto. Proteja as mãos com luvas de borracha. Enxague e seque bem. Passe uma camada de vaselina ou óleo para proteger o objeto.

AÇO INOXIDÁVEL

Suas manchas são removidas esfregando-se um pano embebido em solução fraca de água e amônia.

ALUMÍNIO

ARGAMASSA DE CIMENTO

Os resíduos de argamassa que ficam grudados no alumínio podem ser retirados esfregando-se uma esponja áspera (dessas que se usam na cozinha) molhada em água bem quente e espuma de sabão (esfregue também o sabão na esponja), pacientemente, pois as manchas sairão devagar.

Pode-se, também, usar uma palha de aço fina seca.

MASSA DE CIMENTO

Raspe primeiro com gilete e, em seguida, esfregue uma palha de aço fina molhada em álcool.

BRONZE

Algumas manchas nesse metal poderão ser eliminadas esfregando-se bem um pano embebido em vinagre tinto quente. Depois, enxágue e deixe secar bem, se possível ao sol.

Manchas esverdeadas – Esfregue bastante suco de limão, deixando repousar por mais ou menos 15 minutos. Enxágue e, depois de bem seco, lustre com um pano umedecido em carbonato de cálcio.

CHAVES

Para tirar a ferrugem deixe a chave de molho por 24 horas na mistura de ¾ de óleo de mesa e ¼ de gasolina. Enxugue bem e deixe secar, se possível ao sol. Se ainda assim restar algum vestígio da ferrugem, esfregue o local com um papel fino.

Misture ½ xícara de chá de querosene com 1 xícara de azeite de oliva e deixe a chave mergulhada por algumas horas. Enxágue e passe uma lixa de água.

COBRE

AZINHAVRE E OUTRAS MANCHAS

Faça uma pasta consistente de vinagre branco, sal e fubá ou farinha de milho. Esfregue sobre as manchas e por todo o objeto, deixe secar e lustre com flanela.

Esfregue a metade de um limão sobre cinzas de lenha e passe sobre o azinhavre. Enxágue e deixe secar.

Esfregue vinagre fervente e sal.

As pequenas manchas que aparecem nas panelas de cobre também podem ser retiradas esfregando-se um pano molhado em molho inglês ou *ketchup*. Seque bem.

TINTA

Em tinteiro de cobre ou outro metal – Primeiro, escove com uma solução concentrada de carbonato de sódio. Depois, com uma solução de ácido oxálico a 10%.

VELA (PINGOS)

Jogue lentamente água fervente sobre os pingos, até que saia tudo.

DOURADOS

Manchas leves – Esfregue bem com algodão embebido em álcool.

Manchas maiores – Esfregue com um pano embebido em essência de terebintina.

Manchas resistentes – Use a mistura de alvaiade, água e amoníaco. Veja também LATÃO.

Use um polidor líquido para metais ou outro produto semelhante.

ESTANHO

Manchas em geral
- Esfregue com gasolina ou querosene. Depois, passe uma camurça.
- Esfregue energicamente um pano embebido em cerveja quente sobre a mancha.
- Em peças modernas de estanho, as manchas saem facilmente usando-se um produto para limpar prata.

FERRO

- Esfregue com uma palha de aço fina, nova e seca caso não tenha muita ferrugem.
- Esfregue com uma pasta feita de cinzas de carvão e azeite doce.
- Esfregue com gasolina até sair toda a ferrugem.

- Se for um objeto pequeno, deixe ficar de molho numa solução de água, sal e limão, até a mancha sumir completamente. Enxágue esfregando com uma escovinha. Enxugue e deixe secar bem, se possível ao sol.

CANIVETES OU SEMELHANTES
Mergulhe o canivete aberto dentro de uma lata com querosene e deixe de molho por 48 horas. Depois, limpe com um pano e passe uma lixa de água própria para metais. Passe uma palha de aço fina nova e seca.

PATINS
Assim que aparecer a ferrugem, esfregue com uma mistura de sal e querosene. Se mesmo assim a ferrugem persistir, passe uma lixa fina (nº 0).

Nas manchas maiores e mais difíceis, pode-se usar o mesmo processo do ácido muriático (sulfúrico) indicado em AÇO.

PARAFUSOS
Esfregue com giz pulverizado.

FOLHA DE FLANDRES

Ferrugem – Use água de cal grossa: dissolva cal virgem em ½ litro de água até obter a consistência de um mingau. Molhe o objeto manchado nessa solução e deixe secar por várias horas. Depois, é só esfregar para dar brilho.

LATÃO

Use os mesmos processos que em DOURADOS.

Manchas resistentes – Coloque em uma garrafa de 1 litro:
- 700ml de água
- Mais ou menos 1 xícara de chá de alvaiade (até que a mistura fique encorpada)
- 1 vidrinho de amônia

Sacuda bem a garrafa e guarde-a tampada com rolha. Use após algumas horas, para que a mistura fique bem dissolvida. Agite sempre que usar. Esfregue o objeto com um pano macio, deixe secar e lustre com flanela.

MOEDAS

Manchas escuras – Mergulhe as moedas numa solução feita com água quente, 2 colheres de sopa de bórax e umas gotas de amoníaco. Deixe ficar de molho por algumas horas. Então, molhe uma escovinha nessa solução e esfregue as moedas. Enxágue com água e deixe secar ao sol.

Manchas esverdeadas – Cubra a moeda com uma mistura de suco de limão e vinagre branco, dando umas escovadinhas. Enxágue com água e deixe secar.

PRATAS

Em geral, um bom produto para limpar prata, tira qualquer mancha. Você também pode fazer uma mistura que trará ótimos resultados.

Solução:
- 1 xícara de café de polidor líquido de metais
- 1 xícara de café de sabão em pó de boa qualidade
- 1 colher de sopa de amoníaco

Misture tudo num vidro de boca larga, molhe uma esponja macia (dessas que se usam para lavar copos) e esfregue nos objetos até que fiquem limpos. Lave com água fria, em seguida jogue água fervente, enxugue com um pano seco e macio e, se possível, deixe secar ao sol. Com esse processo não será preciso dar brilho com flanela.

OVO
Quando não puder esfregar uma palha de aço fina com sabão de coco e água, ou isso não der resultado, esfregue uma esponjinha com suco de limão ou vinagre branco. Depois enxágue.

RISCADOS (causados pelo uso diário)
Esfregue cremor de tártaro (que se usa na cozinha) umedecido com azeite de oliva. Depois, lave com água quente e enxágue.

VELA (derretida)
Os pingos de vela que caíram nos castiçais ou candelabros de prata e que ficaram grudados não devem ser retirados com faca ou outra lâmina (porque riscam), nem com fogo (pois desgasta o metal); apenas jogue sobre eles água fervente e esfregue com um pano.

VERMEIL

Vermeil é a prata coberta com uma camada de ouro.
Se esse objeto estiver manchado, esfregue com uma esponja molhada, sabão de coco e branco de espanha. Depois, lave, enxugue e dê brilho com uma camurça.

ZINCO

OXIDAÇÃO
Use uma solução fraca de ácido sulfúrico.

Móveis

Quando uma substância cair num móvel, seja ela líquida, gordurosa, pastosa ou cremosa, deve-se removê-la o mais rápido possível, para evitar que a madeira absorva a substância. A demora (por negligência ou esquecimento) poderá fixar a mancha no móvel, tornando-a difícil e, muitas vezes, impossível de ser removida. Pode-se retirar qualquer mancha de móveis esfregando-se a mistura de 1 colher de sopa de cal para ½ copo de água. Passe, enxugue e lustre.

AÇO ESCOVADO

As manchas que aparecem nesses móveis, de um modo geral, saem facilmente passando-se um pano molhado em glicerina pura. Esfregue com flanela.

ALUMÍNIO

Faça o processo anterior.

ESMALTADOS

Esfregue uma esponja úmida com um pouco de farinha de aveia.

ESTOFADOS DE COURO

Aplique a mistura de 1 colher de sopa de glicerina para 2 colheres de sopa de álcool. Lustre com flanela.

TINTA
Esfregue uma solução feita de ácido oxálico (cautelosamente, pois é tóxico) com água. Essa solução elimina a mancha sem afetar o couro.

ESTOFADOS DE TECIDO

Coloque sobre a mancha uma pasta feita com polvilho e álcool 90º e esfregue. Cubra bem a mancha com mais pasta e deixe ficar até que a mistura esteja bem seca.
Escove.
Uma mancha simples vai desaparecer aplicando-se um pouco de creme de barbear. Depois, passe um pano com água e deixe secar.

BEBIDAS ALCOÓLICAS
Esfregue com éter e, depois, com um pano umedecido em água.

CAFÉ

Esfregue uma pedrinha de gelo até que a mancha desapareça completamente.

Manchas antigas – Veja TECIDOS.

DESBOTADO

Esfregue por todo o estofado a seguinte solução: para 1 litro de água morna, misture 2 colheres de sopa de amoníaco e 2 colheres de sopa de vinagre branco. Deixe secar naturalmente.

GORDURA

- Jogue rapidamente um punhado de sal e deixe ficar por algum tempo. Escove.
- Esfregue um pedaço de cebola cortada na hora sobre a gordura que acabou de cair. Ela vai desaparecer completamente.
- Derrame na mesma hora um pouco de álcool sobre a mancha e, logo em seguida, cubra com um punhado de fubá, de farinha de trigo ou, ainda, de talco, deixando ficar até o dia seguinte. Escove. Se ainda restar algum vestígio, passe um pano molhado em água quente e detergente. Passe água limpa e deixe secar.
- Coloque sobre a mancha um papel absorvente ou um mata-borrão e passe o ferro quente sobre ele, mudando sempre o papel de lugar.

GRAXA

Retire o excesso com a lâmina de uma faca. Em seguida, siga as orientações indicadas em GRAXA EM TECIDOS.

SANGUE

Se o tecido for branco ou de cor firme, passe um algodão embebido em água oxigenada.

Esfregue uma pedrinha de gelo até a mancha sumir.

TINTA ESFEROGRÁFICA

Esfregue um pano embebido em terebintina e, em seguida, cubra com bastante talco, deixando por algumas horas para que o mesmo absorva a terebintina, que é oleosa.

Toda essa operação pode ser repetida quantas vezes for necessário ou até que a mancha desapareça completamente.

URINA (DE CACHORRO)

Aplique, seguidamente e sem esfregar, um chumaço de algodão molhado em solução de vinagre e água.

ESTOFADOS DE SEDA E LÃ

Coloque sobre a mancha uma pasta feita com polvilho e álcool 90°, deixando ficar por algumas horas ou até que a pasta esteja seca. Em seguida, esfregue e escove. Se for necessário, repita a operação.

ESTOFADOS DE VELUDO

Aplique uma pasta feita com talco e benzina e deixe por uma noite inteira. Passe o aspirador de pó.

ÁGUA

Use o ferro a vapor da seguinte maneira: embeba um pano com água e faça pressão sobre a mancha. Em seguida, coloque o ferro bem próximo à mancha, porém sem encostar no tecido, e deixe o vapor agir sobre ele.

Na falta desse tipo de ferro, use o ferro comum da seguinte maneira: depois de umedecer o local da mancha, pegue um pano maior, ensope bem com água e envolva o ferro bem quente, segurando-o próximo à mancha para que receba o vapor d'água do pano.

LEITE
Passe uma esponja umedecida com espuma de sabão de coco e, em seguida, umedecida com água pura. Seque com pano.

FÓRMICA

Esfregue álcool. Em seguida, passe um pano seco.

COLA
Esfregue palha de aço fina até que desapareça.

TINTA DE CARIMBO
Esfregue com álcool.

TINTA ESFEROGRÁFICA
- NÃO use palha de aço.
- Esfregue com álcool.
- Esfregue com acetona.
- Aplique uma solução de água com vinagre branco.

LACA

LACA BRILHANTE
Manchas leves – Passe um produto para dar brilho em automóvel (líquido).
Use cera polidora ou outro polidor.

ARRANHADO
Passe pasta de polir e, depois, cera polidora.

LACA FOSCA
Use um limpador multiuso. Passe um pano umedecido em água para retirar bem o produto.

TINTA ESFEROGRÁFICA
Passe um saponáceo bem fino. Depois, um pano umedecido com água.

LAQUEADO

As manchas podem ser removidas com um pano umedecido em água e sabão de coco.
Use saponáceo bem fininho. Depois, passe água limpa e seque.

BEBIDAS
- Esfregue levemente no local um pouco de borra de café umedecida. Lave e enxugue com uma flanela.

MESAS (TAMPOS) COM FORRO DE COURO

Marcas de objetos pesados (pesos de papel, abajures etc.) – Essas marcas que ficam no couro, e às vezes afundam um pouco o local, voltam ao normal passando-se duas vezes ao dia, durante pelo menos uma semana, um pouco de óleo de limão.

METAL EM MÓVEIS

Quando a ferrugem aparecer num enfeite ou acabamento de um móvel, esfregue logo com um pano embebido em essência de terebintina. Depois, dê brilho.

MÓVEIS DE MADEIRA

CEREJEIRA
ÁLCOOL
Esfregue no local uma mistura feita com partes iguais de azeite de oliva e vinagre branco (preparar como molho de salada). Depois, limpe com pano seco.

ÉBANO
ARRANHADO
Passe um pouco de graxa preta no local e deixe secar bem. O arranhão ficará imperceptível.

Pode ser disfarçado usando-se um lápis preto, tipo lápis de sobrancelha.

ENCERADOS

Ao retirar uma mancha de um móvel, observe algumas recomendações: trabalhe sempre num sentido só, isto é, no sentido do fio (ou veio) da madeira. Não esfregue em vaivém nem em movimentos circulares. Também proceda dessa forma na aplicação de ceras ou graxas para reavivar o brilho que o tira-manchas apagou do móvel.

ACETONA

Manchas leves – Passe um algodão umedecido em álcool, seque e disfarce a mancha passando tintura de iodo.

Manchas maiores – Lixe o local, escureça com *Vieux-chêne* (à venda em lojas de ferragens) e deixe secar bem. Então, encere ou envernize (se o móvel for envernizado).

ÁGUA

Passe um pano embebido em querosene ou azeite. Assim que a mancha sumir, esfregue com um pedaço de lã.

Umedeça um pano com água, coloque um pouco de pasta de dentes e passe sobre a mancha. Deixe secar e só então encere ou passe polidor.

ÁLCOOL

Faça uma mistura em partes iguais de azeite de oliva e vinagre, misture bem, embeba um algodão e esfregue no local até secar.

ARRANHADO (POR FÓSFORO)

Basta esfregar limão.

ARRANHADOS – RISCADOS

- Esfregue meia noz-moscada.
- Passe um pouco de cera de abelha; depois de seco, lustre com uma flanela.
- Use graxa de petróleo; tire o viscoso e deixe secar por 24 horas; só então lustre.
- Pode-se usar, também, cera para móveis (pastosa) ou um lustra-móveis.

- Cera líquida para calçados também serve para esconder os arranhões.
- Em alguns móveis, a aplicação de iodo tapeia os riscados.
- Se os arranhões forem múltiplos ou muito grandes, faça uma tocha com algodão, molhe em álcool, acenda e coloque bem próximo dos mesmos, tendo o cuidado de não deixar que o fogo encoste na madeira, pois esta deve receber apenas o calor.
- Cera em bastão (à venda em lojas de ferragem) também pode ser aplicada sobre riscados e arranhões.
- Esfregue uma mistura de azeite e parafina. Depois, passe flanela.

BULES QUENTES

Bules de café, chá, leite etc. – Esfregue pacientemente com um pano e polidor de prata, fazendo sempre movimentos circulares, até que a mancha desapareça.

Encere a mesa toda, deixe secar bem e lustre.

COLA/GOMA-ARÁBICA

Essas manchas saem facilmente usando-se um creme de limpeza facial. Na falta desse, experimente óleo de cozinha.

COPOS MOLHADOS (RODELAS) – LÍQUIDOS

Manchas recentes – Esfregue um pano bem seco com bicarbonato. O brilho voltará logo.

- Se a mancha ainda estiver úmida, passe um paninho macio (ou flanela) molhado em álcool canforado e seque imediatamente.
- Cubra a mancha com óleo de cozinha, azeite ou vaselina e deixe agir por 24 horas.
- As manchas de líquido também saem esfregando-se um pedaço de cortiça (rolha), sempre no sentido das fibras da madeira.

Manchas antigas – Passe delicadamente sobre a mancha uma palha de aço fina e seca, sempre na direção das fibras da madeira. Retire a poeira e passe um pouco de chicória desmanchada em um pouco de água ou solvente para limpeza. Deixe secar bem. Encere também, ainda no mesmo sentido, deixe secar e lustre. Como essa cera deve ser da mesma cor da madeira, pode-se usar cera para calçado, nas cores acaju ou marrom.

Nas manchas mais persistentes, use um pano umedecido e a mistura de pasta de dentes com bicarbonato.

FITA COLANTE

Em superfície de mesa ou móvel – Coloque sobre ela um mata-borrão ou papel absorvente e passe o ferro quente.

GORDURA

- Passe um algodão embebido em aguarrás.
- Use essência de tricoletileno.
- O solvente para limpeza é um ótimo removedor de gorduras.
- Use um produto tira-manchas. Encere e lustre.

PAPEL GRUDADO

Primeiro, pingue sobre ele um pouco de óleo de cozinha, embebendo-o bem. Deixe assim por alguns minutos. Passe um pano. Se restarem vestígios, repita a operação quantas vezes for necessário.

QUEIMADO

Prepare uma mistura de pedra-sabão raspada com óleo de cozinha e deixe com a consistência de uma pasta. Passe esta pasta no local, com um pano, como se estivesse encerando (no sentido do veio da madeira). Limpe o excesso com um pouquinho de óleo, deixe secar e dê polimento.

Nos pontos queimados por cigarro, esfregue um pouco de maionese, deixando agir por apenas alguns minutos e, em seguida, uma flanela seca. Se for necessário, encere. Deixe secar bem antes de lustrar.

SANGUE

Passe um algodão embebido em água oxigenada e, em seguida, pincele com terebintina, deixando secar. Se for necessário, repita a operação. Encere e lustre.

TINTA DE CARIMBO

Esfregue com álcool.

TINTA DE ESCREVER

Umedeça uma esponja com uma mistura em partes iguais de álcool e vinagre branco. Com o auxílio de um pano, pressione de leve sobre a mancha. Depois, passe uma esponja com água pura sem esfregar. Repita quantas vezes achar preciso. Depois de seco, lustre ou encere, se for necessário.

Pode-se também esfregar no local um pedaço de batata crua.

VELA

Esfregue cuidadosamente um pano embebido em terebintina sobre os pingos de vela e, em seguida, passe flanela.

Amoleça os pingos de vela com o ar quente de um secador de cabelos e absorva a vela amolecida com um papel, sem esfregar. Em seguida, limpe com uma solução de água e vinagre branco. Se necessário, encere e lustre.

ENVERNIZADOS
ARRANHADOS

Use o mesmo processo de ARRANHADO, no item MÓVEIS DE MADEIRA.

BEBIDAS

Rapidamente, esfregue um pouco de borra de café úmida, secando logo em seguida.

DEDOS (MARCAS)
Esfregue uma flanela embebida em parafina. Depois, passe ligeiramente um pano úmido bem torcido e seque.

FÓSFORO ACESO
Esfregue uma flanela ligeiramente umedecida em água fria. Em seguida, passe um óleo para móveis.

PAPEL GRUDADO
Embeba o papel com óleo de cozinha e deixe por alguns minutos. Retire com um pano. Depois, passe uma flanela. Repita essa operação quantas vezes for necessário.

PRATOS QUENTES
Cubra as manchas com uma pasta mole (quase como a consistência de mingau) feita com cinzas de charuto e gotas de azeite e deixe por muitas horas ou até que esteja bem seca. Esfregue com um pano seco macio (pode ser flanela) e bem limpo.

TINTA
Passe com cuidado uma esponja ligeiramente umedecida em uma solução feita com partes iguais de álcool desnaturado e vinagre branco. Enxugue imediatamente com um pano ou papel absorvente. Depois, dê brilho com flanela.

Umedeça uma esponja em uma mistura feita com 1 xícara de café de água morna e ½ xícara de café de suco de limão, dando batidinhas na mancha, sem esfregar. Seque com pano absorvente, ainda sem esfregar, e passar um pouco de óleo de cozinha.

Manchas antigas – Use esse mesmo processo, porém aplique a esponja em forma de compressas.

TINTA DE ESCREVER
Deixe por 15 minutos sobre a mancha um pedaço de algodão molhado numa solução feita com 1 colher de sopa de sal de azedas dissolvido em 1 xícara de chá de água. Esfregue de leve a mancha com esse mesmo algodão. Repita a operação quantas vezes for necessário.

TINTA A ÓLEO
Derrame sobre a mancha um pouco de azeite. Em seguida, passe cuidadosamente uma lixa de papel (como as usadas pelas manicures).

MADEIRA CLARA
Algumas manchas em móveis claros (de copa-cozinha) saem esfregando-se a parte interna de uma casca de limão.

ARRANHADO
O arranhado ficará quase imperceptível esfregando-se meia noz-moscada.

Esfregue um cotonete molhado numa mistura em partes iguais de álcool comum e iodo, deixando secar normalmente. Se o móvel for encerado, passe cera e lustre-o.

Passe um pouco de cera de abelha e depois lustre.

Se o móvel tiver acabamentos claros e lustrosos, passe uma graxa clara para sapatos.

MADEIRA NATURAL
ARRANHADO
Passe uma mistura feita com partes iguais de terebintina e óleo de linhaça fervido (compre em lojas de ferragens, não prepare em casa).

MOGNO
ARRANHADO
Sendo essa madeira de cor vermelho-escura, passe sobre o arranhado uma cera ou graxa dessa cor.

Pode-se também pincelar o local com um pincel fino e iodo.

MOFO
Passe um pano molhado em uma solução de água morna e vinagre branco. O pano deve ser muito bem torcido. Enxugue logo após e passe um bom lustra-móveis para dar brilho com flanela.

NOGUEIRA
ARRANHADO
Quebre uma noz e esfregue um pedaço dela sobre o arranhão.

MOFO
Passe demoradamente sobre os lugares mofados uma mistura em partes iguais de álcool e óleo de oliva.

PAU-MARFIM ENVERNIZADO
ÁGUA (COPOS MOLHADOS) – A solução consiste em retirar o verniz e envernizar o móvel novamente. Para retirar o verniz, passe uma lixa de madeira bem fina sobre todo o tampo da mesa, até que o verniz saia. Passe um pano molhado e torcido para retirar bem o pó. Deixe secar bem e envernize novamente.

MÓVEIS DE PLÁSTICO

Pequenos riscos e leves arranhões superficiais podem desaparecer passando-se pasta de dentes.

MÓVEIS DE VIME – BAMBU – PALHINHA

Geralmente, as manchas nesses móveis saem passando-se acetona.

GORDURA
Use essência de terebintina. Se a mancha persistir, faça uma pasta com talco e benzina (ou gasolina) e passe nos locais manchados deixando um pouco dessa pasta por algumas horas ou até que esteja bem seca. Tire e escove.

MOFO
Passe uma solução de água e amoníaco. Enxágue e seque com um pano.

Objetos diversos

ALABASTRO

Suas manchas, em geral, podem ser tiradas com uma mistura de água morna, detergente e gotas de amoníaco. Depois, enxugue.

GORDURA
Esfregue talco ou terebintina no local. Passe um pano molhado em água morna e enxugue.

GRAXA
Tire com óleo de mesa ou terebintina.

RANHURAS
Passe alvaiade.

BORRACHA

MOFO
Passe um pano umedecido em vinagre branco, enxágue e deixe secar. Serve também para casacos de borracha.

COURO

Algumas manchas em objetos de couro desaparecem esfregando-se uma solução de éter e óleo de linhaça, em partes iguais.

MOFO
Esfregue um pouco de vaselina sobre a mancha.

MADEIRA

MOFO
Tire com querosene.

MARFIM

DESBOTADOS
Para que os locais desbotados voltem ao normal, embeba bem o objeto com água oxigenada ou terebintina, deixando-o exposto ao sol por alguns dias.

Algumas manchas superficiais podem ser tiradas passando-se uma lixa fina.

Nota – As manchas em objetos de marfim são muito difíceis de sair. Dessa forma, só será possível remover aquelas superficiais e recentes.

OSSO

Com as mesmas características do marfim, as manchas sobre os objetos de osso também devem ser tiradas o mais depressa possível.

Manchas recentes ou superficiais – Desaparecem passando-se um produto para limpar prata ou metais dourados.

PLÁSTICO

Quase todas as manchas saem esfregando-se um pano com bicarbonato umedecido em água.

PORCELANA

As manchas nesses objetos, principalmente as escuras, desaparecem se forem esfregadas com sal refinado.

Tapetes e carpetes

Quando qualquer substância, seja sólida ou líquida, cair sobre um tapete, procure limpá-la o mais depressa possível para facilitar sua remoção, o que poderá não ocorrer caso permaneça muito tempo no local. Nunca deixe uma mancha secar.

Sempre que possível, antes de iniciar o tratamento, coloque sobre a mancha um pano absorvente, o que facilitará a remoção e apressará a secagem.

Use sempre panos, esponjas, mata-borrões ou algodão limpos para chupar ou tirar uma mancha e, de preferência, calcando ou apertando o pano e mudando sempre de lugar sem esfregar, ou esfregando suavemente de fora para dentro, para evitar que a mancha se espalhe.

Se a substância que cair no tapete ou carpete for líquida, absorva logo o excesso com um pano ou papel absorvente. Se sólida, tire o excesso com o auxílio de um garfo, uma colher, uma espátula ou mesmo a lâmina de uma faca.

Se o local da mancha tratada ficar muito úmido ou molhado, convém usar um secador de cabelos ou ventilador para apressar a secagem, evitando assim que a umidade se transforme em mofo. Caso não disponha de nenhum desses aparelhos, deixe o ambiente bem arejado.

MANCHAS DESCONHECIDAS

Para tentar tirar uma mancha desconhecida, experimente os seguintes removedores:

ÁGUA CRISTAL
Derrame um pouco no local, embeba uma esponja e pressione sobre a mancha até que saia. Retire toda a água com um pano absorvente e deixe secar bem.

GELO
Esfregue pacientemente uma pedra de gelo sobre a mancha até que desapareça completamente.

LOÇÃO DE BARBEAR
Use a espuma do creme no local, simultaneamente comprimindo e girando uma esponja ou pano macio. Passe água e seque bem.

Manchas antigas – Use a seguinte solução: 1 litro de água morna com 2 colheres de sopa de vinagre branco e 2 colheres de sopa de detergente. Sacuda bem e siga as orientações indicadas na "receita caseira".

TRATAMENTOS DIVERSOS

Um pequeno roteiro mostrará a maneira exata de agir e aplicar os diversos tratamentos para se retirar uma mancha.

Utilize removedor de manchas industrial próprio para tapetes. Siga as instruções da embalagem.

TRATAMENTO DA ACETONA
Umedeça um pano limpo na acetona e bata sobre a mancha até sumir.

TRATAMENTO COM AGUARRÁS
Umedeça um pano limpo na aguarrás e bata sobre a mancha até sumir.

TRATAMENTO COM ÁLCOOL
Umedeça um pano limpo no álcool e bata sobre a mancha até sumir.

TRATAMENTO DA ESPUMA
Misture 1 colher de sopa de detergente neutro com 1 colher de vinagre branco em ½ litro de água morna. Agite bem até fazer bastante espuma. Passe com uma escova de pelos não muito dura, de fora para dentro. Enxague com panos limpos umedecidos em água morna e seque, apertando e batendo com panos secos.

TRATAMENTO DO MATA-BORRÃO
Coloque a mancha entre mata-borrões e passe o ferro quente, mudando-o de lugar até que não existam mais vestígios da mancha.

TRATAMENTO DO ÓLEO DE MAMONA
Umedeça um pano nesse óleo e bata-o sobre a mancha até desaparecer.

TRATAMENTO DA RECEITA CASEIRA
Misture 1 colher de sopa de sabão em pó e outra de vinagre branco em 1 litro de água morna. Agite bem e use a espuma com um pano ou esponja, passando sobre a mancha até sumir. Lave e enxugue com pano absorvente. Deixe secar bem.

TRATAMENTO DO TIRA-MANCHAS
Umedeça um pano limpo com um produto tira-manchas para roupas e passe sobre a mancha até desaparecer. Repita a operação, se necessário.

TRATAMENTO DO VINAGRE
Misture 1 colher de sopa de vinagre branco com 3 colheres de sopa de água morna. Molhe um pano limpo e esfregue na mancha, sem espalhar demais. Deixe agir por 20 minutos. Passe um pano limpo com água morna. Seque bem o local.

XAMPUS E SIMILARES
Além de limpar, eliminam muitas manchas. Siga as instruções da embalagem.

CARPETES DANIFICADOS

Quando algum lugar do carpete for danificado por queimaduras de cigarro, fósforo etc., a solução é apelar para a substituição da parte queimada por um remendo. Você mesmo poderá fazer isso desde que tenha ou consiga um retalho do mesmo material e da mesma qualidade do carpete a ser tratado. Tendo isso em mãos, faça um corte circular no local queimado do carpete e outro no retalho. Tire a rodela danificada do tapete, colocando em seu lugar a rodela nova. O trabalho está pronto. Se for benfeito, ninguém notará e, com o passar do tempo, até você se esquecerá dessa operação.

MANCHAS ESPECÍFICAS

ÁCIDOS
Use o tratamento da receita caseira.
Use o tratamento da espuma.

AÇÚCAR
Limpe com água morna.

ALIMENTOS
Aplique uma esponja ou pano com espuma de sabão de coco.
Remova a espuma com água e pano limpo secando bem. Se a mancha persistir, esfregue com benzina.

AQUARELA
Use o tratamento da espuma.

ASFALTO
Use um removedor de manchas industrial.

AZEITE
Use o tratamento do óleo de mamona. Se restarem vestígios, use o tratamento da espuma.

BATOM
- Esfregue um pano embebido em álcool.
- Use o tratamento da receita caseira.
- Use o tratamento da espuma.
- Use um removedor de manchas industrial.

BEBIDAS ALCOÓLICAS

Limpe imediatamente com um pano absorvente ou mata-borrão; em seguida, passe água morna com espuma de sabão ou sabão de coco. Passe água limpa e seque bem.

Pode-se usar também o tratamento da receita caseira.

Use o tratamento do vinagre.

CAFÉ

Se possível, absorva o excesso com pano e esfregue pacientemente uma pedra de gelo sobre o local até a mancha sumir por completo. Em seguida, passe um pano molhado com água morna.

Use uma solução de água e bórax. Se o tapete for pequeno, mergulhe a mancha nessa solução, deixando de molho por uns 10 minutos. Enxágue e seque. Se não puder mergulhá-la na solução, use um pano embebido na mesma.

Lave, enxugue bem e deixe secar.

Se o tapete não for de cores vivas, use uma solução na proporção de 3 colheres de sobremesa de água oxigenada para ½ copo de água. Lave com água limpa.

Passe imediatamente uma solução de água com um pouco de amoníaco. Em seguida, use água limpa e enxugue.

Use removedor de manchas industrial.

CALDO DE CARNE

Tire o excesso e passe um pano úmido com água fria. Em seguida, passe removedor de manchas industrial.

Essa mancha pode ser removida com água morna e detergente, usando-se água limpa. Enxugue logo a seguir.

CARBONO

Use removedor de manchas industrial.

CARVÃO

Esfregue com miolo de pão.

Use removedor de manchas industrial.

CERA
Passe benzina ou outro solvente limpador a seco. Em seguida, use o tratamento da receita caseira e enxugue.
Use o tratamento do mata-borrão.

CERVEJA
Passe água morna e, em seguida, uma solução de água e sabão. Lave e enxugue.

CHÁ
Passe água morna; em seguida, use uma esponja molhada em uma solução de água e amoníaco. Seque bem.
Use o tratamento da espuma.

CHOCOLATE
Passe glicerina e depois use o tratamento da receita caseira.
Use o tratamento do tira-manchas ou o da espuma.

COLAS
- Molhe um pano com vinagre branco e coloque sobre a mancha, até que a cola saia completamente.
- Use o tratamento do tira-manchas.
- Use um tira-manchas e, em seguida, faça o tratamento da receita caseira. Seque bem.

COLAS À BASE DE ÁGUA
Use removedor de manchas industrial.

COQUETÉIS
Use o tratamento da espuma. Depois, vinagre branco.

COSMÉSTICOS
- Use um tira-manchas. Depois, aplique o tratamento da receita caseira.
- Use removedor de manchas industrial.

DESCOLORAÇÃO
Passe uma solução de água e amoníaco no local. Porém, se não voltar à cor natural, espere secar bem e só então passe uma tinta indelével da mesma cor, ou uma caneta hidrocor colorida, de tinta permanente (procure a cor que mais se assemelha à do tapete).

DOCES E BALAS
Saem facilmente esfregando-se uma esponja molhada na solução de água e álcool.
Passe glicerina. Depois, use o tratamento da receita caseira.

ESMALTE DE UNHAS
Passe cuidadosamente acetona ou removedor de esmalte no local e deixe secar. Lave com água e sabão, enxugando com pano absorvente.
Use removedor de manchas industrial.

EXCREMENTOS
Retire o excesso. Passe um pano ou esponja umedecida em água e sabão e aplique removedor de manchas industrial.

FERRUGEM
Aplique produto antiferrugem ou outro similar. Se a mancha persistir, passe um removedor de manchas industrial.

FRUTAS
- Remova com álcool, vinagre branco ou suco de limão.
- Pode-se também usar solução bem diluída de amoníaco em água fria.
- Use o tratamento da receita caseira.
- Aplique o tratamento da espuma.
- Tire com removedor de manchas industrial.

FULIGEM
- Espalhe sobre os lugares manchados uma boa porção de sal refinado, deixando agir por meia hora. Depois, limpe ou passe o aspirador de pó.
- Se o tapete for colorido, de preferência passe uma borracha plástica.
- Aplique o tratamento da espuma.
- Tire com removedor de manchas industrial.

GELATINA
Use primeiro um tira-manchas e depois aplique o tratamento da receita caseira.

GOMA DE MASCAR
- Passe um pano embebido em solvente para limpeza até que a goma de mascar descole.
- Coloque uma pedra de gelo ou gelo picadinho sobre o chiclete, deixando ficar por alguns segundos. Limpe normalmente. Quando estiver bem seco, escove o local.
- Use gás de isqueiro em aerossol para congelar a goma de mascar, deixando ficar por uns 4 minutos. Então, puxe com faca.
- Se necessário, repita a operação.

GORDURAS – ÓLEOS
- Embeba o local com álcool e polvilhe com bastante talco, deixando agir por algumas horas ou até o dia seguinte. Passe o aspirador de pó.
- Pode-se também, depois de ter aplicado o álcool, usar o tratamento da receita caseira.
- Use primeiro o tratamento de óleo de mamona e, em seguida, o tratamento da espuma.
- Essa mancha sai instantaneamente. Passe benzina, polvilhe com talco e deixe por algumas horas, para que absorva bem a umidade. Passe o aspirador de pó.

- Água quente com sabão e detergente é uma boa solução para se tirar essas manchas.
- Passe água pura e seque com pano absorvente. Coloque um pano seco ou mata-borrão por cima, e passe o ferro quente.
- Coloque uma porção de fubá de milho, na mesma hora, deixando ficar até o dia seguinte. Passe o aspirador de pó.
- Uma solução de água com amoníaco também resolve.

GRAXA

- Aplique primeiro um solvente, depois use um xampu próprio para tapetes. Lave com água e seque.
- Use removedor de manchas industrial.

GRAXA DE SAPATO

- Retire o excesso, se houver. Passe uma esponja ou pano embebido em benzina ou outro removedor comum, trocando sempre o pano por outro limpo, para que a graxa já removida não volte a manchar o tapete. Passe uma esponja com água morna, enxugue com pano limpo e deixe secar.
- Limpe com detergente. Depois, passe um solvente limpador a seco.
- Aplique o tratamento do tira-manchas. Se restarem vestígios, passe um pano molhado em álcool. Mesmo assim, se necessário, aplique o tratamento da espuma.

KETCHUP

Use removedor de manchas industrial.

LAMA – BARRO

- Deixe secar bem a lama e então varra em todos os sentidos e direções. Se a mancha não tiver saído completamente, passe um pano molhado em água com vinagre branco.
- Para retirar todo o excesso, escove na hora com uma escova bem áspera. Logo a seguir, com a mancha ainda úmida, esfregue a

seco a farinha de trigo, amido ou sal, deixando ficar por algumas horas. Passe o aspirador de pó.
- Tire o excesso e lave o local com água morna e sabão de coco. Enxugue e deixe secar.

LÁTEX
Passe água morna com detergente. Em seguida, lave e enxágue.

LEITE
- Passe glicerina e enxugue com pano absorvente. Caso o local fique engordurado, passe água morna e sabão de coco. Seque com pano absorvente. Se necessário, repita a operação.
- Use o tratamento da espuma.

LICOR
Primeiro, use um removedor. Em seguida, lave com água e sabão. Seque.

MANTEIGA
- Aplique o tratamento do tira-manchas.
- Passe benzina. Depois, aplique o tratamento da receita caseira.

MERCUROCROMO
- Aplique água oxigenada repetidamente.
- Use removedor de manchas industrial.

MOFO
Esfregue uma solução de água e vinagre branco morno. Deixe secar.

MOSTARDA
- Use o tratamento do tira-manchas. Se a mancha persistir, use o tratamento da espuma.
- Passe primeiro glicerina e, depois, álcool.

NÓDOAS
Em geral, desaparecem com água e sabão de coco.

ÓLEO
- Absorva a mancha com esponja molhada em álcool ou em um solvente, fazendo movimentos de fora para dentro. Remova o máximo que puder e então aplique removedor de manchas industrial.
- Pode-se também usar *Thiner* (solvente à venda em lojas de ferragens).

ÓLEO DE COZINHA
Aplique o tratamento do tira-manchas e depois o da espuma.
Veja GORDURAS.

ÓLEO DE MÁQUINA
Embeba um chumaço de algodão em benzol e coloque sobre a mancha, deixando por algum tempo. Retire o algodão e coloque bastante talco, deixando por várias horas. Passe o aspirador de pó e lave com água quente e sabão de coco. Enxugue e deixe secar.

ÓLEO PARA MÓVEIS
Use removedor de manchas industrial.

ÓLEO DE MOTOR
Use removedor de manchas industrial.

OVO
- Não use água quente. Molhe primeiro com água fria e depois use uma solução composta de 2 partes de água e 1 de amoníaco. Passe um pano até que seque bem.
- Depois de ter passado a água fria, use uma espuma molhada em solução de água morna com detergente e vinagre branco.
- Depois de ter passado a água, aplique o tratamento da receita caseira e enxugue bem.

- Depois de ter passado água fria, use o tratamento do tira-manchas.
- Passe uma esponja com água fria e use removedor de manchas industrial.

PAPEL CREPOM

Aplique o tratamento do óleo de mamona e, depois, o da espuma.

PERFUMES

Lave o local com uma solução de água quente e sabão em pó fino. Em seguida, lave com água pura.

Use o tratamento da receita caseira ou o da espuma.

PÉS DE MÓVEIS

As marcas deixadas nos tapetes por pés de móveis pesados não são propriamente manchas, mas para que eles voltem ao normal, é só molhar bem o local e passar o ferro quente. Depois, é só escovar. Repita a operação quantas vezes se fizer necessário.

PICHE
- Passe benzina e enxugue.
- Cubra a mancha com óleo de cozinha (para que ela não seque), e retire o excesso com uma colher. Repita a operação até que não haja mais vestígios de piche. Tire o óleo com um pano molhado em benzina.
- Use removedor de manchas industrial.

POLIDOR

Use aguarrás ou benzina. Em seguida, use o tratamento da receita caseira.

POLIDOR DE METAIS

Aplique o tratamento com aguarrás ou use benzina. Depois, aplique o tratamento da espuma.

POLIDOR DE MÓVEIS
Aplique o tratamento do tira-manchas. Se necessário, use o tratamento da espuma.

QUEIMADURA DE CIGARRO
Se a extensão do queimado for pequena (em tapete de veludo), corte as pontas queimadas e varra vigorosamente em todas as direções com uma vassoura bem dura. Assim, o próprio veludo vai se misturar, tapando o buraco.

Para todos os tipos de tapetes felpudos, esfregue levemente o queimado com uma lixa, tire o pó e aplique removedor de manchas industrial.

REFRIGERANTES
- Absorva imediatamente com um pano seco e, logo em seguida, passe um pano molhado com água. Seque novamente.
- Use o tratamento da receita caseira. Se for necessário, aplique também o tratamento de vinagre.

SANGUE
- Não tente tirar essa mancha, enquanto ainda fresca, com água quente, pois isso a fixaria ainda mais. Use apenas água fria.
- Primeiro, umedeça o local com água fria; em seguida, lave com uma solução de 2 partes de água para 1 parte de amoníaco. Enxágue.
- Aplique o tratamento do tira-manchas. Se necessário, use o tratamento da receita caseira.
- Passe uma solução composta de 3 colheres de sobremesa de água oxigenada em ½ copo de água.
- Aplique o tratamento da espuma.
- Esfregue pacientemente uma pedra de gelo sobre a mancha fresca de sangue até que a mesma desapareça por completo.

SORVETES
- Passe água morna e aplique o tratamento da receita caseira.
- Limpe com água e detergente, repetindo a operação até que a mancha desapareça.
- Tire o excesso. Passe uma esponja umedecida com água fria e, em seguida, aplique removedor de manchas industrial.

SUCO DE FRUTAS
- Tire a mancha na hora com água morna e sabão de coco.
- Use o tratamento do vinagre.
- Tire com removedor de mancha industrial.

TINTA À BASE DE ÁGUA
Tira-se facilmente com água pura.

TINTA À BASE DE ÓLEO
- Absorva o excesso com um pano macio, aplique umas gotas de aguarrás em um pano seco e esfregue levemente no sentido das extremidades para o centro, removendo o máximo possível da tinta. Em seguida, use um removedor de manchas industrial.
- Aplique terebintina. Em seguida, cubra com fubá de milho, deixando ficar por algum tempo, para que absorva a terebintina.
- Se necessário, passe qualquer produto líquido para lavagem a seco.
- Pode-se também usar um solvente para tintas (à venda em lojas de ferragens).

TINTA DE ESCREVER
- Seque primeiro com um mata-borrão. Sempre tome cuidado ao remover essa mancha. Não esfregue o pano (para que a tinta não se espalhe), mas apenas comprima-o sobre a mancha.
- Pressione a mancha com um mata-borrão ou papel absorvente. Em seguida, limpe com espuma de sabonete. Passe água pura para enxaguar. Seque.

- Use um pano embebido em água e vinagre branco, misturados em partes iguais.
- Coloque sobre a mancha um punhado de carbonato de amônia (ou de sal), umedecido com suco de limão e deixe ficar por algum tempo, mantendo sempre o local úmido. Passe um pano com água, enxugue e deixe secar.
- Embeba um pano numa solução de água e amônia e deixe ficar sobre a mancha, renovando de vez em quando. Passe água limpa.
- Coloque o sal grosso umedecido sobre a mancha por quatro dias, mantendo sempre o sal úmido. Depois remova e passe água limpa.
- Use o tratamento do tira-manchas.

Atenção – Deve-se insistir em qualquer dos tratamentos que estiver usando, porque essa mancha é muito difícil de ser removida.

TINTA ESFEROGRÁFICA

- Pulverize a mancha com *spray* de cabelo e esfregue com um pano seco até desaparecer. Se necessário, depois de seco, passe uma solução de água fria com vinagre branco e seque.
- Aplique álcool.
- Aplique o tratamento da espuma.

TINTA DE PAREDE

Não sendo tinta à base de óleo ou verniz, limpe com querosene, porém pressionando apenas de leve o local. É só. Não esfregue nem use água.

TINTURA DE MÓVEIS

Aplique o tratamento do tira-manchas. Depois, se necessário, use o tratamento da espuma.

UÍSQUE

Primeiro, passe um pouco de vinagre branco com um pano. Em seguida, use água com sabão (de preferência de coco). Lave com água pura e seque bem.

URINA

- Lave imediatamente com água quente e sabão em pó. Se necessário, repita a operação.
- Absorva imediatamente a urina com um jornal ou papel absorvente e, logo em seguida, esfregue com uma solução forte de água com bicarbonato.
- Derrame, rapidamente, um pouco de álcool no local e aguarde uns 3 minutos. Passe um pano molhado em água filtrada (é muito importante que seja filtrada) e enxugue.
- Depois de absorvido o excesso de urina, aplique o tratamento da receita caseira e enxugue. Pode-se também usar o tratamento da espuma.
- As manchas de urina de gatos e cachorros também podem ser limpas esfregando-se, de fora para dentro, uma solução feita com vinagre branco, álcool e amoníaco em partes iguais. Em seguida, lave com água fria e enxugue bem com pano absorvente.
- Primeiro, passe água fria com uma esponja e, em seguida, aplique um removedor de manchas industrial.

Atenção – As manchas de urina devem ser retiradas o mais depressa possível, porque, além de descolorirem o local, quando antigas é praticamente impossível removê-las

VELAS

- Não raspe. Coloque um papel ou pano absorvente sobre a mancha e passe o ferro quente, trocando sempre o pano de lugar até que a cera da vela se dissolva completamente.
- Com o local ainda quente, pulverize talco, deixando por várias horas. Passe o aspirador de pó.

Atenção – Não coloque o ferro diretamente sobre o carpete.

- Se aparecer no papel uma mancha muito resistente, esfregue nela um pano com um pouco de creme de barbear. Depois, passe água e enxugue.

Veja também GOMA DE MASCAR.

VERNIZ

Embeba um pano em terebintina e dê leves toques com este pano na mancha, mudando sempre de lugar. Não use água. Polvilhe com bastante talco, deixando por várias horas. Finalmente, passe o aspirador.

VINHO

- Borrife imediatamente um pouco de creme de barbear em aerossol e vá passando com uma esponja molhada em água. Enxugue com um pano felpudo e seco.
- Na mesma hora jogue sobre a mancha um punhado de sal ou de bicarbonato, deixando ficar por pelo menos uma hora. Então, passe o aspirador de pó.
- Aplique o tratamento da receita caseira.
- Use o tratamento da espuma.
- Use removedor de mancha industrial.

VÔMITO

Retire o excesso com uma espátula. Aplique qualquer dos seguintes processos:

- Passe uma mistura de água e amônia. Se necessário, aplique o tratamento da receita caseira.
- Use o tratamento da espuma.
- Passe álcool.
- Passe uma esponja umedecida em água fria e, em seguida, aplique um removedor de manchas industrial.

XAROPES

Aplique o tratamento da espuma.

TAPETES DE LINÓLEO

Qualquer mancha em tapetes de linóleo sai facilmente passando-se um pano molhado em uma mistura de 1 litro de água com 2 ovos bem batidos. Deixe secar ao ar livre.

CREIOM
Esfregue um pouco de creme dental. Se a mancha persistir, use um produto para limpar prata.

TAPETES DE PELO DE CAMELO

Esfregue a mancha com um pano embebido em água com vinagre branco. Em seguida, enxugue com um pano seco.

TAPETES DE SISAL

Quase todas as manchas são tiradas embebendo-se um chumaço de algodão em acetona e comprimindo-as (sem esfregar), até que desapareçam completamente.
Use um removedor de manchas industrial.

Tecidos em geral

TAÍ...
Um pequeno descuido que seja, e pronto... o tecido ficou todo manchado! Tirar manchas já não é mais um bicho de sete cabeças, pois aqui você vai encontrar soluções para resolver quase todos os tipos de manchas que normalmente agridem nossas roupas, sejam do vestuário ou de cama, mesa e banho. Para isso, algumas recomendações são necessárias, pois para ser bem-sucedido é preciso que se conheça as muitas maneiras de removê-las e a utilidade de alguns produtos aqui indicados.

Toda mancha deve ser tratada e eliminada na hora, ou o mais breve possível. Qualquer demora (ou negligência) dificultará ou mesmo tornará impossível sua remoção. Por isso, se não puder removê-la logo, pelo menos lave com um pouco de água e, se possível, com sabão de coco.

Para facilitar a eliminação da mancha, antes de aplicar qualquer produto coloque sobre ela um pouco de sal umedecido com água.

Ao limpar a mancha, coloque sob ela um mata-borrão, um papel absorvente ou um pano limpo e seco, para que o líquido seja absorvido e, consequentemente, a mancha.

Procure sempre esfregar ou pressionar a mancha (com o produto que vai usar) de fora para dentro (principalmente se o produto for um solvente), para evitar que se forme um círculo ao seu redor.

Mas se esse círculo aparecer no tecido, estique bem a parte manchada sobre vapor d'água por alguns segundos. Veja a surpresa!

Após limpar uma mancha com sabão ou ácido, enxágue bem o local com água pura.

Antes de usar uma solução em tecidos de cor, faça um pequeno teste numa pontinha escondida da roupa para ver o resultado: se o tecido desbotar depois de usada a solução (ou tirada a mancha), é só lavar esse local com uma mistura de 2 partes de água para 1 parte de vinagre branco. Você também pode usar ácido acético diluído, mas deixe apenas de 3 a 5 minutos, para que o efeito não seja contrário.

ALGUMAS SUBSTÂNCIAS USADAS PARA TIRAR MANCHAS

ÁLCOOL RETIFICADO
Dissolve bem a cera, a estearina, o sebo e as matérias resinadas. Tira manchas de verniz, de pintura e de alcatrão, inclusive dos tecidos de lã. Sua ação é reforçada quando misturada a fel de boi ou gemas de ovos.

AMONÍACO
Serve para tirar quase todas as manchas. Também aviva o negro dos tecidos de seda preta alterados pela umidade.

BENZINA PURA
Dissolve as gorduras, as essências, a cera, as pinturas etc. sem deixar vestígios. Pode ser aplicada em qualquer tecido, pois não altera sua cor ou brilho.

ESSÊNCIA DE TEREBINTINA – LIMÃO – ALFAZEMA – TANGERINA
Tiram facilmente manchas de azeite, gorduras, alcatrão, resinas e betumes.

FEL DE BOI
Dissolve gordura e óleo. Pode ser aplicado até mesmo nos tecidos mais finos. Também pode ser misturado com terebintina, álcool, gemas e outros. Essa substância deixa um odor muito desagradável, que pode ser anulado passando-se água fria aromatizada no local.

FOLHAS DE HERA
O chá, que se prepara com umas vinte folhas verdes e novas, é ótimo para tirar algumas manchas. Coloque as folhas num recipiente, derrame ½ litro de água fervente por cima, tampe e deixe macerar por duas horas. Coe e use.

GEMAS DE OVOS
Podem ser usadas puras. Porém, sua ação é mais eficaz se forem misturadas à terebintina, na mesma proporção das gemas. Deve-se aquecer (na colher) um pouquinho antes de usar.

PÓS ABSORVENTES
Usados especialmente para absorver gorduras e graxas. Os pós mais usados são os talcos, a farinha de trigo, o amido e a fécula de batata. Em roupas brancas, também pode-se usar gesso fino; em roupas de cor, cinzas de madeira peneirada; em lãs, cetim branco e nas tapeçarias, o melhor é alvaiade.

SODA E POTASSA CÁUSTICAS
Só devem ser usadas em tecidos brancos, de linho ou algodão, porque nas lãs e sedas alteram a cor.

COMO DOSAR UMA SOLUÇÃO

As dosagens que se seguem devem ser respeitadas, pois servem como base para que sejam aumentadas ou diminuídas de acordo com o tamanho das manchas:

Água sanitária	–	1 colher de sopa para cada copo de água.
Amônia	–	1 colher de sopa para cada 4 colheres de sopa de água.
Água oxigenada 10 volumes	–	Use pura ou misturada com água.
Perborato	–	20g por litro de água.
Permanganato	–	10g por litro de água, deixe por 1 minuto. Depois, neutralize com bissulfito, 10g por litro de água.
Hidrossulfito	–	10g por litro de água.
Ácido oxálico	–	10g por litro de água.

NATUREZA DOS TECIDOS

Antes de retirar uma mancha, é bom que se conheça a natureza dos tecidos.

Animal	–	lã e seda.
Vegetal	–	algodão e linho.
Artificial	–	raiom, fibra viscosa e raiom, fibra de acetato.
Sintético	–	poliamida – náilon, perlon, celon, rilsan e enkalon.
	–	acrílico – craylon, courtelle, dralon e orlom.
	–	poliéster – tergal e dracon.

MANCHAS ESPECÍFICAS

ÁCIDOS EM GERAL (EXCEÇÃO PARA O ÁCIDO NÍTRICO)
Algodão branco, algodão colorido, seda e jérsei – Com uma esponja, passe sobre a mancha uma solução feita com 1 colher de sopa de amônia e 3 colheres de sopa de água. Pode-se usar também bicarbonato diluído em um pouquinho de água. Nas manchas mais fracas, coloque o tecido bem esticado sobre a boca da garrafa de amônia.

Trate com uma solução fraquíssima de alúmen.

ÁCIDO CLORÍDRICO
Algodão – O mesmo processo descrito no item anterior.

Cores – Após ter usado o processo anterior, empregue uma solução de cloreto de estanho. Nos tecidos de cores mais resistentes (não muito delicados), aplique água clorada quente (gota a gota) com um chumaço de algodão ou pano, umedecendo antes o tecido.

ÁCIDO GÁLICO
Branco – Use uma solução de ácido oxálico, de ácido acético ou, ainda, de ácido tartárico. A solução de ácido deve ser tanto mais concentrada quanto mais antigas forem as manchas.

Cores (algodão e lã) – Use ácido cítrico diluído.

Seda (cor firme) – Aplique vinagre forte e, depois, água e cinzas de madeira. Enxágue com água e sabão.

ÁCIDO SULFÚRICO
O mesmo processo descrito em ácido clorídrico.

AÇAFRÃO
Manchas recentes – Aplique a solução de água com amoníaco, clorofórmio ou, ainda, álcool.

Manchas antigas – Use água sanitária ou permanganato de potássio.

AÇÚCAR

Use água e sabão. Não use um solvente para limpeza. Se a mancha for antiga, use água quente para *todos os tecidos, brancos* ou *coloridos*.

ÁGUA

As manchas costumam desaparecer quando friccionadas com a parte arredondada de uma colher de prata.

Sedas e lãs – Se depois de secar a mancha persistir numa forma circular, umedeça todo o tecido e passe a ferro.

Antes disso, cubra o local com um pano.

Cetim branco ou claro – A água costuma manchar esse tecido; dessa forma, cubra imediatamente o local com farinha de trigo, sacuda e cubra novamente com a farinha, deixe por algumas horas. Depois, é só sacudir e escovar. Pode-se também esfregar o local com papel bem fino, fazendo movimentos circulares.

Cetim preto – Nesse tecido, a mancha deve ser polvilhada na hora com sal, colocando-se por cima rodelas de batata crua e deixando ficar por algumas horas.

ÁGUA SANITÁRIA

A roupa que ficar manchada por ter ficado de molho em água sanitária deve ser esfregada com sabão de coco e água pura. Em seguida, exponha ao sol, mas mantenha sempre umedecida. Depois, torne a lavar. Pode-se usar, ainda, detergente e água oxigenada.

ÁGUA SUJA

Trate com a mistura de 2 partes de água morna e 1 parte de álcool.

ALCACHOFRA

Esfregue com limão.

ÁLCALI

Branco – Use apenas água.

Outros tecidos – Pingue uma solução bem diluída de ácido cítrico sobre o tecido úmido. Depois, enxágue.

ALCATRÃO

Branco – Passar aguarrás e sabão de coco com água, alternadamente.

Seda – Use o mesmo processo ou, então, besunte a mancha com um pouco de gordura ou manteiga (para amolecê-la), retire o excesso com a lâmina de uma faca e passe benzina ou terebintina para tirar a mancha.

Cores (algodão ou lãs) – Primeiro, esfregue a mancha com banha de porco. Depois, ensaboe bem, deixando ficar por algum tempo, mantendo o lugar úmido. Então, trate alternadamente com aguarrás e água quente.

ÁLCOOL

Algodão e sedas (brancas e coloridas) – Se forem laváveis, enxágue bem com água pura até a mancha sumir. Pode-se limpar com tricloretileno. Se a mancha persistir, passe primeiro água pura e depois água oxigenada.

AMARELADAS DE FERRO DE PASSAR ROUPA

Veja FERRO DE PASSAR ROUPA.

AMARELADAS DE GUARDADO

Deixe de molho por um dia ou uma noite numa solução feita com 1 colher de sobremesa de bicarbonato para cada litro de água. Depois, lave normalmente.

Pode-se colocar uma pasta feita com raspas de sabão de coco, bicarbonato de sódio e um pouquinho de água sobre os locais manchados. Leve ao sol para corar, umedecendo e esfregando as manchas de vez em quando (o que demora algum tempo). Quando sumirem, lave a peça toda.

Nas dobras de roupas – As manchas amareladas que aparecem nas dobras de roupas guardadas (como lençóis, toalha de mesa etc.) podem ser removidas da seguinte maneira: ferva a água (a quantidade vai depender do tamanho da roupa) com um punhado de farelo de fubá em fogo baixo, durante algum tempo. Depois de bem fervido, coe e mergulhe a peça manchada nessa água, deixando-a de molho até que a água esfrie completamente. Depois, lave normalmente.

Em tecidos (finos, cores delicadas, não laváveis) – Com as pontas dos dedos, passe em cada mancha amarelada um pouco de glicerina e deixe agir por algum tempo. Então, retire a glicerina com um algodão embebido em álcool e deixe secar. Repita a operação quantas vezes for necessário.

AMARELADAS DE SABÃO MALTRATADO

Use água pura, água sanitária e sabão de coco, deixando corar por algumas horas. Depois, enxágue bastante.

Em malhas de lã (cores claras) – Lave com sabão de coco, juntando um pouco de bórax à espuma. Enxágue até que não haja mais vestígio de sabão. Para garantir um melhor resultado, coloque um pouco de vinagre branco na última água do enxágue. Esprema sem torcer e seque à sombra.

Em malhas de lã branca – Use o mesmo processo descrito anteriormente, porém coloque na última água do enxágue 2 colheres de sopa de água oxigenada.

AMARELADAS PELA UMIDADE DE GUARDADO (PONTINHOS PRETOS)

Esses pontinhos pretos são semelhantes ao mofo e muito difíceis de sair. Faça o seguinte: mergulhe a peça num banho de perborato de sódio, deixando, no mínimo, por uma hora. Torça e mergulhe em água com água sanitária bem concentrada, deixando até que os pontinhos desapareçam. Depois, enxágue bem e leve ao sol para secar. Só guarde a peça depois de bem seca.

Ferva a peça em água bem salgada e em fogo brando durante algum tempo. Deixe esfriar nessa água. Esfregue sal e limão e estenda a peça ao sol por algumas horas, mantendo o local úmido. Depois, enxágue.

ANIL

Deixe de molho numa solução de água fria e vinagre branco. Se aparecerem tons amarelados, lave apenas com água quente e sabão.

ANILINAS

Linho, algodão – Estique o local manchado (bem esticado) sobre um recipiente alto e jogue água fervente por cima, deixando que a água atravesse o tecido.

Pode-se usar álcool com um pouco de ácido acético.

Água clorada também pode ser passada sobre a mancha.

Se a mancha for muito forte, dissolva 50g de hipossulfito de sódio em ½ litro de água fervente. Coloque o tecido bem esticado sobre a boca de um recipiente bem alto e proceda como o descrito na primeira sugestão acima. Em qualquer dos processos, enxágue muito bem com água pura logo após a retirada da mancha.

Lã, seda – Molhe primeiro o local da mancha com uma esponja umedecida em água morna. Em seguida, pingue álcool e algumas gotas de ácido clorídrico. Se a mancha persistir, umedeça com uma mistura em partes iguais de água oxigenada 10 volumes e amoníaco diluídos em água. Em ambos os casos, enxágue bem em seguida. Veja também TINTAS.

ARGIROL

Lave com água e sabão em pó ou com uma solução de água com amônia.

AZINHAVRE

Use ácido oxálico. Depois, lave com água e amônia.

Seda, jérsei – Aplique ácido clorídrico bem diluído.

Lãs, sedas – Tire com suco de limão puro. Em seguida, lave com água pura.

Nas sedas também pode-se usar o ácido clorídrico bem diluído.

AZUL DE METILENO

Manchas recentes ou imediatas – Aplique imediatamente leite quente ou umedeça o tecido e esfregue suco de limão ou ácido cítrico.

Manchas antigas ou resistentes – São difíceis de sair. Cubra a mancha com tricloretileno. Ao mesmo tempo, molhe um pano nesse produto e pressione com batidas sobre a mancha. Se ainda assim a mancha persistir, aplique no local um pouco de ácido acético puro ou álcali concentrado. Esse álcali também pode ser misturado com água oxigenada, em partes iguais; coloque sobre a mancha e, em seguida, exponha-a ao sol para secar. Se necessário, repita a operação.

BANHOS FOTOGRÁFICOS

Provenientes de sais de prata – Essas manchas vão do preto ao marrom-escuro. Para tirá-las, embeba o local com uma solução de iodeto de potássio e deixe secar. Em seguida, passe uma solução de hipossulfito de sódio. Enxágue com água pura.

Provenientes do revelador (à base de ácido pirogálico) – Esfregue as manchas com uma solução a 5% de persulfato de potássio. Depois enxágue com água pura.

BATOM

Remova com qualquer das seguintes sugestões:

- Misture benzina com tetracloreto de carbono.
- Esfregue com um pano molhado em éter.
- Esfregue com álcool.
- Coloque sobre a mancha um pouco de óleo de cozinha, azeite ou vaselina, deixando ficar por uns 5 minutos.
- Lave com água morna e sabão de coco.
- Tire com água oxigenada.

Em tecidos finos – Se recentes, deixe de molho em um pouco de leite quente; esfregue com sabão de coco, usando esse mesmo leite. Quando a mancha desaparecer, lave com água pura.

Além disso, esta mancha pode ser retirada esfregando-se miolo de pão.

Pode também ser removida molhando-se o local com água pura e aplicando um pouco de bicarbonato. Esfregue (delicadamente se o tecido for fino) até a mancha desaparecer por completo.

Tecidos de albeni – Use amoníaco puro.

BEBIDAS ALCOÓLICAS

De um modo geral, essas manchas saem esfregando-se com éter. Depois, enxágue com água.

Pode-se usar clorofórmio ou outro solvente. Se ficar um círculo, limpe com água.

BENZINA

Coloque um pano molhado e dobrado ao meio sobre a mancha e passe o ferro quente até que o pano a absorva toda. Sacuda bem o tecido.

BETERRABA

Mergulhe o tecido manchado em água com um pouquinho de amoníaco. Em seguida, lave normalmente.

BETUME

Passe essência de terebintina.

BOLOR

Ferva o tecido manchado na água contendo um pedaço de couro de bacalhau por algum tempo sempre em fogo brando.

Pode-se usar uma solução feita com 1 parte de amoníaco para 16 partes de água.

Veja também MOFO.

BREU

Algodão branco – Lave a mancha alternando aguarrás e sabão de coco com água pura. Nos últimos vestígios, usar álcool ou benzina.

Em cores (algodão e lã) – Esfregue a mancha com banha de porco. Depois, ensaboe com sabão de coco e água morna, deixando repousar por algum tempo. Lave alternadamente com aguarrás e água quente.

CACAU

Em todos os tecidos – Passe sobre a mancha uma mistura de gema de ovo e glicerina. Lave com água morna e deixe secar. Enquanto a mistura ainda estiver quente, passe o tecido com ferro quente pelo lado do avesso.

Veja também CHOCOLATE.

CAFÉ

Derramado na hora – Lave imediatamente com água fervente ou bem quente, sabão de coco ou detergente.

- Esfregue um pano embebido em álcool e vinagre branco.
- Esfregue imediatamente um pano embebido em água oxigenada e depois em amoníaco, até desaparecer.
- Esfregue uma pedrinha de gelo sobre a mancha até que desapareça completamente.

Manchas antigas – Molhe um pano em glicerina e passe sobre a mancha, deixando descansar por meia hora. Em seguida, lave com água quente e sabão.

Estique a mancha sobre a boca de um recipiente bem alto e jogue água fervente com um pouco de amoníaco.

Em tecido de cor firme – Dissolva uma gema em um pouquinho de água morna e junte 1 colher de chá de álcool. Embeba um pedaço de pano ou de algodão nessa mistura e vá esfregando na mancha até sumir. Depois, lave com água morna.

Pode-se substituir o álcool por glicerina.

Cores que não sejam firmes – Use apenas álcool e sabão de coco Em seguida, lave com água fria.

Estampados – Primeiro, esfregue com glicerina. Depois, lave com água e algumas gotas de benzina.

Lãs – Esfregue glicerina. Lave com água morna. Na falta de glicerina, insista na água morna.

Sedas – Use o mesmo processo indicado para lãs.

Seda de cor firme – Passe um pano ou algodão embebido em água oxigenada.

CAFÉ COM LEITE

Branco – Sai facilmente lavando-se com água e sabão. Porém, se a mancha persistir, tire com água oxigenada ou tetracloreto de carbono.

Outros tecidos – Aplique um pouco de glicerina sobre a mancha, deixando ficar por alguns minutos. Então, lave em água corrente. Passe a ferro com o tecido ainda úmido e pelo lado do avesso.

CAL

A cal deverá ser tirada imediatamente, para evitar que queime o tecido.

Branca – Lave com água e sabão.

Outros tecidos – Umedeça a mancha com água e pingue uma solução bem diluída de ácido cítrico. Depois, enxágue.

Pode-se aplicar um pouco de vinagre branco ou suco de limão. Em seguida, lave com bastante água.

CALDAS

Algodão – Deixe de molho em água fria ou morna e lave com sabão. Depois, se necessário, use água com hidrossulfito. Se ficar uma auréola ao redor da mancha, aplique ácido acético e, depois, permanganato de potássio.

Tecidos finos – Se depois de removida a mancha ficar uma auréola, aplique álcool ou amoníaco.

CARVÃO

Sai facilmente esfregando-se miolo de pão.

CÁUSTICOS

Se este não tiver danificado o tecido (pois é corrosivo), esfregue bem com água e sabão de coco e deixe corar por algumas horas, tendo o cuidado de manter o local da mancha sempre úmido. Depois, enxágue.

Branco – Se a mancha for fraquinha, basta colocar sobre ela um pano embebido em água oxigenada e passar o ferro quente.

Lã – Esfregue o local, suavemente, com uma palha de aço bem fina, nova e seca. Depois, sacuda bem e escove.

CERA

Todos os tecidos – Retire o excesso com a lâmina de uma faca. Coloque a parte manchada entre mata-borrões. Passe com o ferro quente, mudando sempre de lugar até que a mancha seja absorvida. Se necessário, passe um pouco de benzina ou de terebintina.

Se a mancha for fraca, depois de raspada, pode ser limpa com uma escova molhada em álcool, esfregando-se bem o local.

CERA COLORIDA

Remova todos os halos formados pela cera com um algodão embebido em uma mistura feita com 1 colher de sopa de álcool para 2 colheres de sopa de água. Enxágue com água fria.

Mancha antiga – Coloque sobre a mancha um elemento gorduroso (glicerina, por exemplo) para amolecer a substância e deixe agir por algum tempo. Depois, proceda como em qualquer mancha gordurosa.

CERVEJA

Tecido branco – Lave com água quente e sabão de coco.

Lave com água e amoníaco. Enxágue com água pura. Ou, também, use uma mistura feita com 4 porções de água para 1 porção de ácido muriático.

Outros tecidos – Lave com um pouco de água e álcool misturados; ou esfregue um algodão em álcool puro sobre a mancha ou, ainda, substitua o álcool por glicerina pura. Em ambos os casos, lave depois com água morna e sabão em pó.

Estique a parte manchada sobre a boca de uma vasilha funda e despeje uma chaleira com água fervente bem do alto, para que a água atravesse o tecido. Depois, é só esfregar um pouco de glicerina e enxaguar com água morna.

CHÁ

Algodão, linho (branco) – Use água quente e sabão de coco.

Mergulhe a parte manchada na solução de água quente e água sanitária, deixando ficar de molho até sumir. Depois, enxágue bem.

Molhe a mancha em solução feita com 1 colher de café de borato de sódio para 1 xícara de chá de água. Em seguida, enxágue com água fervente.

Algodão e outros tecidos – Esfregue a mancha com glicerina e aguarde alguns minutos. Em seguida lave com água e gotas de amoníaco. Pode-se substituir o amoníaco por 1 colher de café de bórax em 1 copo de água fria, depois de ter tirado a glicerina com água morna.

Manchas antigas – Desaparecem com suco de limão.

Por mais rebelde que seja uma mancha de chá, ela desaparecerá aplicando-se uma mistura feita com gema de ovo e glicerina e deixando-a ficar sobre a mancha até secar. Lave com água fria e sabão de coco.

Lã e seda – Use uma mistura de éter e benzina em partes iguais.

CHAMUSCADO

Tecido branco – Esfregue um pano umedecido em água clorada quente.

- Esfregue o local com uma rodela de cebola e, em seguida, molhe com água fria. Lave normalmente.
- Umedeça uma fatia de pão branco dormido e esfregue na mancha, lavando em seguida.
- Passe um pouco de amoníaco.

Lãs – Molhe o local com água e coloque maisena, deixando ficar até que seque. Depois de seco, escove.

Veja também QUEIMADO DE FERRO DE PASSAR ROUPA.

CHICLETE (GOMA DE MASCAR)

Todos os tecidos – Esfregue pacientemente uma pedra de gelo do lado do avesso do tecido, bem no lugar onde o chiclete estiver grudado. Porém, se uma roupa aparecer com vários chicletes grudados, o mais fácil é colocar essa roupa no congelador ou na geladeira por algum tempo. Os chicletes vão endurecer, facilitando assim a remoção.

- Coloque clara de ovo sobre o local, deixe secar um pouco e retire cuidadosamente. Se o tecido for lavável, passe-o depois em água pura.
- Cubra o local manchado com um pano bem ensopado em álcool por alguns segundos; então, retire o chiclete com uma pinça.
- Esquente 1 colher de sopa de óleo (pode ser o de cozinha) na própria colher, coloque neste óleo a parte do tecido em que está o chiclete e solte-o aí mesmo com algum objeto (ou a própria unha). Depois de solto, lave o local imediatamente com água quente e detergente, a fim de eliminar o óleo.

CHOCOLATE

Algodão – Esfregue água e sabão. Estenda o tecido e jogue água fervente por cima da mancha.

- Deixe de molho numa solução de água sanitária e água pura até desaparecer. Enxágue bem.
- Umedeça o local e polvilhe com bórax em pó, deixando repousar por 15 minutos. Esfregue suavemente até a mancha sumir. Lave com água pura.
- Esfregue pacientemente uma pedra de gelo até a mancha desaparecer por completo.
- Coloque no local manchado uma pasta feita com bicarbonato e água, deixando ficar por algum tempo. Depois, enxágue.
- Deixe ficar de molho em leite; depois, lave com água e sabão de coco.
- Esfregue um pouco de manteiga na mancha; em seguida, lave com água quente e detergente.

Manchas antigas – Neste caso, não use água fervente; passe um pouco de glicerina e aguarde alguns minutos. Então, lave o local com uma solução de álcool e água fria em partes iguais.

Se o tecido for lavável, use a solução de água e água sanitária.

Lã, algodão – Use o mesmo processo de MANCHAS ANTIGAS.

Sedas – Lave com água e sabão de coco.

CIGARRO

Para pequenas manchas (superficiais) de queimado de cigarro, esfregue um pedaço de cebola cortada na hora. Lave com água e sabão de coco.

Enxágue com água pura.

Veja também NICOTINA.

COLA

Deixe de molho em água fria ou quente até a mancha desaparecer.

Cola tipo instantânea (algodão, linho, tecidos grossos) – Esta cola adere instantaneamente ao tecido. Para removê-la, deixe de molho em acetona (de manicure) por algum tempo.

Tecidos sintéticos – Deixe o local imerso em água fervendo, enquanto se raspa o adesivo.

Nota 1: Em ambos os casos, trabalhe com paciência, porque a mancha não sai na hora.

Nota 2: Para tirar resíduos de cola em vidros, cristais e porcelanas deixados por selos de preços ou outros adesivos, use querosene ou benzina.

CORANTES VEGETAIS

Tecido branco – Exponha o local ao vapor de enxofre.

Use água clorada quente.

Em ambos os casos, enxágue após a retirada da mancha.

Cores (algodão – lã) – Use água morna com sabão.

Use água clorada. Em seguida, passe água com um pouco de amoníaco. Trate, então, com hipossulfito de sódio e, a seguir, com solução de ácido tartárico.

Finalmente, lave em água quente.

Sedas – Use o mesmo procedimento anterior. Deve-se, porém, diluir muito bem as soluções empregadas e tratar com muito cuidado.

DESCOLORIDOS – DESBOTADOS

Tecido colorido – Se o tecido descolorir depois de lavado, mergulhe a mancha em um pouquinho de água com vinagre branco ou amoníaco. A cor voltará na hora.

Estampado ou listrado de fundo branco – Se esse tecido manchar quando posto para secar, enxágue novamente em várias águas e, na última, coloque um pouco de vinagre branco; em seguida, aperte o tecido entre dois panos secos e deixe secar na sombra. Passe a ferro ainda úmido.

Tecido preto – O tecido preto que fica amarronzado depois de muitas lavagens volta à cor natural se ficar de molho em água de anil, de pó de café ou de chá preto, todos bem fortes. Deixe secar à sombra e do lado do avesso.

Veja também TINTAS ESTAMPADAS.

DEJEÇÕES

Tecido branco – Lave primeiro com água pura. Em seguida, deixe de molho em uma solução de água, água sanitária e sabão em pó, corando o tecido ao sol. Depois, enxágue bem.

Outros tecidos – Molhe com água fria ou morna e escove várias vezes. Depois, use água com amoníaco.

DOCES E CALDAS

Todos os tecidos – Lave com água quente e sabão de coco.

Se necessário, use água com hipossulfito, que deve ser manipulado com cuidado. **Não** use solvente de limpeza para tirar essas manchas.

ERVAS

Algodão (branco) – Deixe de molho em água sanitária. Lave normalmente com água e sabão.

Lã, seda (cor) – Lave com água e sabão de coco. Em seguida, passe rapidamente pela solução de água e amoníaco, enxaguando bem.

ESMALTE DE UNHAS

Passe acetona ou removedor de esmalte.

Pode-se, também, usar acetato de amido (à venda em farmácias).

Tecidos finos – Use água oxigenada e, depois, água com sabão.

Qualquer tecido – Use o óleo de banana, mas enxágue muito bem e em seguida deixe secar ao sol.

ESTANHO (FOLHA)

Algodão – Lave com água e sabão.

Tecidos delicados (não laváveis) – Molhe bem o local com um pouco de clorofórmio, esfregue delicadamente e molhe até sair. Faça o tratamento num lugar bem ventilado, mantendo o nariz afastado.

ESTEARINA

Qualquer tecido – Primeiro, raspe o excesso com uma lâmina ou faca. Então, coloque a parte manchada sobre um pano úmido e, por cima, um mata-borrão. Passe o ferro bem quente.

Depois de ter retirado o excesso, pode-se também usar álcool bem forte, esfregando com uma escova.

ETIQUETA

Embora não se trate de uma mancha, os processos para tratamentos são os mesmos, pois é difícil tirá-la de uma roupa.

Esquente um pouco de vinagre e molhe o lugar raspando cuidadosamente a etiqueta até conseguir tirá-la por completo.

FECULENTOS

Qualquer tecido, qualquer cor – Apenas dilua com água fria ou morna.

FERRO (METAL)

Branco – Essa mancha aparece quando o tecido molhado fica em contato com um objeto de ferro. Para eliminá-la, passe cremor de tártaro bem fino, umedecendo-o em seguida e deixando repousar por uns 10 minutos.

- Esfregue bem a mancha até desaparecer. Enxágue com água.
- Esprema suco de limão numa colher de prata, aquecendo-a.
- Lave, esfregando a mancha com o suco quente. Depois enxágue. Procedendo dessa maneira, não há perigo de estragar o tecido.

Manchas antigas – Primeiro, umedeça a mancha com água. Cubra com uma mistura feita de 1 parte de pedra-ume em pó e 2 partes de tártaro em pó, deixando repousar por algum tempo. Depois, lave com água fria.

FERRO DE PASSAR ROUPA

Se for apenas chamuscado, mergulhe imediatamente o local em água fria, deixando por 24 horas. Geralmente desaparece sozinha.

Se for uma mancha bem suave, esfregue o tecido com água e deixe secar ao sol.

- Umedeça o local, esfregue um pouco de maisena e deixe ao sol por algumas horas. Retire a maisena com uma escovinha.
- Lave o amarelado com água e, em seguida, esfregue água oxigenada, deixando secar ao ar livre.
- Coloque a parte manchada sobre uma toalha felpuda limpa e seca, esfregue a mancha com um algodão molhado em água oxigenada 10 volumes e, depois, lave em água pura.

Seda (preta ou escura) – Molhe um pano em água misturada com vinagre branco, coloque sobre a mancha e passe o ferro quente, provocando vapor.

Veja também CHAMUSCADO e QUEIMADO.

FERRUGEM

Algodão (branco) – Use os seguintes processos:
- Esfregue sal e suco de limão no local, deixando ao sol. Renove de vez em quando essa aplicação, sem deixar que ela seque. Depois que desaparecer a mancha, enxágue em água pura.
- Esfregue bem, usando leite azedo.
- Coloque o lugar manchado sobre um limão cortado ao meio e passe o ferro quente. Se depois disso a mancha ficar esverdeada, leve o tecido ao sol para corar por algum tempo. Enxágue.

- Coloque a parte manchada dentro de um pequeno recipiente (pode ser um copo) que contenha um pouco de sal de azedinha e água quente. A mancha vai desaparecer completamente.
- Esfregue com uma mistura de suco de limão e 1 colher de café de bicarbonato.
- Esfregue na mancha cremor de tártaro umedecido, deixando agir por duas horas. Enxágue com água pura. Se ainda houver vestígio, repita a operação.
- Com o tecido seco, espalhe sobre a mancha uma pasta feita de bórax e água. Em seguida, cubra o local com um pano e passe o ferro quente até secar. Se for necessário, repita a operação.

Lã (branca) – Aplique sobre o local uma mistura feita com 1 parte de ácido oxálico para 8 partes de água e suco de meio limão. Em seguida, estique bem a parte manchada sobre a boca de um recipiente alto contendo água fervente, para que receba o vapor d'água. Assim que a mancha sumir (o que não demora muito), lave com água e sabão.

Cor – Empregue ácido cítrico, esfregando com força.

Seda – É quase impossível retirar mancha de ferrugem desse tecido. Mas pode-se tentar: umedeça o local com água morna e, depois, pingue uma gota de ácido clorídrico bem diluído em água. Em seguida, enxágue com uma mistura de água e um pouquinho de amoníaco.

Tecidos tingidos – Use o mesmo processo da seda.

FIXADOR

Manchas recentes – Cubra a parte manchada com talco, deixando ficar até o dia seguinte. Então, é só sacudir.

Manchas antigas – Proceda como a anterior. Porém, antes de colocar o talco, molhe o local com álcool.

FLORES

Tecido branco – Use uma mistura de álcool com amoníaco.

Cor – Tire o verdete com álcool oleoso e sulfuroso; depois, descole com água oxigenada e amoníaco.

Seda – Use álcool e amoníaco.

FRUTAS

De um modo geral, as manchas de frutas, em qualquer tipo de tecido, podem ser removidas da seguinte maneira: passe uma esponja molhada em água fria. Em seguida, esfregue a mancha com glicerina, deixando ficar por algumas horas. Umedeça o local com algumas gotas de vinagre branco, deixando ficar por mais alguns minutos. Finalmente, enxágue com água pura.

Manchas antigas – Primeiro, molhe o tecido em água pura e torça bem. Então, use o processo da pedra de enxofre: queime uma pedra de enxofre e estique o lugar manchado acima da pedra quente fazendo com que receba o vapor do enxofre sem encostar.

Algodão branco – Deixe de molho em água quente e água sanitária. Depois, enxágue bem.

Misture leite azedo, suco de limão fresco e vinagre branco e deixe o local manchado de molho por mais ou menos uma hora, esfregando de vez em quando. Enxágue.

Use ácido acético a 10%.

Coloque imediatamente sal sobre a mancha. Depois, estique bem a parte manchada sobre a boca de uma vasilha alta e funda e derrame uma chaleira contendo água fervente, um pouco de álcool ou de amoníaco (de preferência), deixando o líquido atravessar o tecido. Enxágue com água fria imediatamente. Se ainda assim restar algum vestígio, use uma solução fraca de clorofórmio.

FRUTAS GORDUROSAS
Veja ABACATE

FRUTAS VERMELHAS

Depois de lavar bem com água pura, deixe de molho em espuma de sabão fria e água sanitária. Se a mancha resistir, lave com uma solução de vinagre branco e álcool em partes iguais.

Seda – Tire com água boricada.

Lave com água morna e bórax.

ABACATE

Lave com água quente e sabão em pó, renovando a operação quantas vezes forem necessárias, até a mancha desaparecer por completo.

AMEIXA

Molhe na hora com água pura e coloque um punhadinho de amido em pó, deixando ficar por algumas horas, até que esteja bem seco. Escove.

BANANA

Quando a mancha for recente, basta esfregá-la com um pouco de querosene.

Coloque sobre a mancha uma pasta feita com água e bicarbonato e deixe ao sol, tendo o cuidado de mantê-la sempre umedecida. Depois, enxágue.

CAJU

Use o último processo indicado para manchas de BANANA.

Estique bem a parte manchada sobre a boca de uma vasilha alta e funda e derrame por cima uma chaleira de água fervente contendo 1 colher de sopa de amoníaco. Deixe a água atravessar o tecido. Depois, enxágue bem.

Tecido sintético – Use o último processo descrito.

CAQUI

Use uma solução de ácido sulfúrico (com cuidado, pois é tóxico) na proporção de 5 gotas para ½ copo de água. Molhe um pano na solução e passe na mancha, esfregando. Depois, enxágue bem o local.

JABUTICABA

Esfregue sobre a mancha um pano molhado em água oxigenada. Enxágue.

LARANJA
Algodão branco – Lave com água e sabão de coco.
Seda, lã – Esfregue com glicerina e lave com água morna.

LIMÃO (COR)
Se algumas gotas de limão mancharem o tecido, umedeça o local com uma solução feita de 6 colheres de sopa de água e 2 colheres de sopa de amoníaco.

Mantenha a parte desbotada sobre a boca de uma garrafinha aberta de amoníaco por alguns instantes. A mancha desaparecerá logo, devolvendo a cor ao tecido.

PÊSSEGO
Pode-se usar o mesmo processo indicado para manchas de CAQUI.

Passe sobre a mancha um pano ou esponja molhada em benzina ou terebintina morna. Depois, enxágue.

TOMATE
Use o mesmo processo indicado para manchas de AMEIXA.

UVAS
Use o mesmo processo indicado para manchas de JABUTICABA. Também pode-se usar uma mistura de água com amoníaco, que deve ser mais forte ou fraca, conforme o caso. Em seguida, lave com água quente.

FULIGEM
Lave com água e sabão. Se ficarem vestígios, passe essência de terebintina e lave bem.
- Coloque sobre ela um pedaço de miolo de pão ou de giz, para absorvê-la. Quando estes ficarem manchados, escove o tecido e renove a operação até sua completa remoção.
- Use uma borracha macia.
- Passe gasolina. Depois, enxágue.

- Molhe o local com essência de terebintina, esfregando de leve. Em seguida, misture gema de ovo com a terebintina (em partes iguais), e esquente. Aplique várias vezes, sempre esfregando de leve, até a mancha desaparecer. Se mesmo assim ficar uma cor escura no tecido branco, tire com cremor de tártaro. Nos tecidos coloridos, use ácido clorídrico diluído em água.

FUMO

Veja NICOTINA.

FUNGOS

Algodão, linho – Essas manchas devem ser tratadas na hora, porque sua remoção só será possível quando muito recentes.
- Lave com água clorada e, logo a seguir, com água quente.
- Umedeça a mancha com um pouquinho de água e sabão em pó e coloque uma pasta (não muito dura), feita com sabão em pó, sal e raspas de giz branco. Leve o tecido para corar por algumas horas, mantendo o local sempre úmido. Depois, enxágue, de preferência a peça toda, com água pura.

Lã, seda – Se a mancha for leve, lave com água e sabão.

Use permanganato de potássio e, logo em seguida, passe água oxigenada.

GASOLINA

Se depois de se ter removido uma mancha com gasolina restar uma nódoa, passe o local com ferro quente enquanto ainda estiver úmido.

GELATINA

Lave com detergente e água quente.

GOMA

Tire com água gelada.

GORDURA – ÓLEO – AZEITE

Na mesma hora – Lave o local imediatamente com água morna e detergente (ou sabão de coco). Enxágue bem.

- Esfregue um pedaço de cebola cortada na hora, não esquecendo de colocar um pano por baixo para absorver a mancha. Enxágue.

Manchas recentes (qualquer tecido) – De um modo geral, as manchas gordurosas podem ser removidas com éter, benzina retificada ou pura, gasolina e querosene.

Embeba uma escova de roupa numa mistura de água e amoníaco e passe no tecido. Em seguida, repita o processo, usando água com vinagre branco.

Manchas antigas (óleo e azeite) – Ensope a mancha com esse mesmo azeite e, depois, passe aguarrás com um chumaço de pano.

Manchas espessas – Quando a mancha for de espessura considerável, coloque sobre o local uma substância gordurosa (óleo de cozinha, toucinho etc.), deixando ficar por uma noite, para que amoleça. Passe benzina ou qualquer dos solventes já citados.

Cetim – Coloque um mata-borrão por baixo da mancha e, sobre esta, pingue aos poucos algumas gotas de amoníaco, deixando ficar (sobre o mata-borrão) até que ambos estejam secos. Ainda mantendo o mata-borrão por baixo, passe o local com ferro quente.

Cor – Se o tecido de algodão for colorido e com muita tinta, lave-o com água e cabornato de soda.

Essas manchas podem ser removidas com água morna e sabão de coco.

Tecidos delicados – Aplique uma pasta feita com magnésia e benzina, deixando ficar por algumas horas ou até que a pasta esteja bem seca. Escove.

Lã – Saem com uma solução bem salgada de água e amoníaco.

- Coloque um mata-borrão por baixo, esfregue e deixe meia batata cozida bem quente sobre a mancha durante algum tempo. Repita a operação quantas vezes se fizer necessário.
- Molhe com óleo de tártaro, lave com água morna e, depois, enxágue bem em água pura.

- Esfregue as manchas de óleo com éter.

Algumas manchas saem usando éter sulfúrico, álcool com benzina ou fluido de isqueiro.

Seda, cetim – Coloque a parte manchada sobre um pano branco e bem limpo e passe sobre a mancha um pano bem embebido em aguarrás.

Veludo liso – Elimine as manchas de gordura usando essência de terebintina.

Coloque areia de rio bem quente sobre a mancha e, ao mesmo tempo, vá esfregando com uma escova. Faça isso várias vezes seguidas, até que desapareça completamente.

Veludo cotelê – Lave imediatamente o local com água quente e detergente. Enxágue com água morna e, em seguida, com água fria. Esprema entre dois panos. Estenda para secar.

Qualquer tecido – Use um dos seguintes processos:
- Coloque um pano absorvente por baixo da mancha. Em seguida, com uma escova impregnada de benzina ou tricloretileno, dê batidinhas rápidas sobre a mancha. Retire o pano, pois a mancha já terá se dissolvido. Se ficar uma auréola, friccione circularmente, no sentido das bordas para o centro, com um chumaço de pano embebido no mesmo solvente. Nos tecidos finos, aplique um pouco de talco por baixo e por cima da mancha, e passe a ferro (não muito quente) logo em seguida em ambos os lados.
- Estique bem a peça sobre uma mesa ou qualquer superfície lisa e espalhe, com o dedo, um bocado de farinha de trigo umedecida sobre a mancha seca, esfregando (ainda com o dedo) com bastante força e sempre na mesma direção (não fazer vaivém), como se estivesse varrendo com o dedo. Deixe ficar por algumas horas. Então, escove. Se necessário, repita toda a operação.

Nota – Este processo serve para retirar manchas de gordura antigas, mesmo em tecidos já lavados.

Tecidos finos (seda, musselina etc.) – Molhe bem um cotonete em álcool e aplique no local manchado até que fique ensopado. Logo em seguida, coloque uma boa porção de talco sobre a mancha, deixando ficar até o dia seguinte. Escove e sacuda para retirar todo o talco.

DESENGORDURAR DECOTES E GOLAS

Coloque, numa vasilha pequena, um pouco de sabão em pó, fazendo uma espuma com água fervendo e meia colher de sopa de água sanitária. Com a água bem quente, esfregue o local manchado, usando esta solução. Depois, lavar com água pura.

Estenda para secar.

Preparado caseiro – Alguns bons preparados para tirar manchas de gordura podem ser feitos e guardados em casa:

- Dissolva um pedaço de sabão em barra (a metade ou mais) em uma quantidade de amônia suficiente, para que a mistura tome a consistência de um xarope. Guarde em vidro bem fechado.
- Misture:
  4 colheres de sopa de vinagre branco
  4 colheres de sopa de álcool retificado
  1 colher de sopa de sal de cozinha
  Guarde em vidro bem fechado.

GRAMA – CAPIM – FOLHAGENS VERDES

Lave com água fervente e sabão de coco. Depois, enxágue.

Essas manchas saem rapidamente se esfregadas com álcool.

Manchas resistentes – Use água oxigenada e depois água fria. Pingue umas gotas de éter.

Outros tecidos – Umedeça o local com cloreto de zinco e lave com água fria.

Tecidos não laváveis – Esfregue com álcool.

- Trate com a mistura em partes iguais de um volume de 95% de álcool etílico e éter etílico, deixando por 3 minutos.
- Escove com uma solução feita de 2 colheres de sopa de vinagre branco em ½ litro de água.

GRAXA

Primeiro, retire o excesso. Cubra a mancha com uma substância gordurosa (banha, por exemplo), deixando ficar por algumas horas. Lave com água quente e sabão de coco ou passe benzina.

- Alterne aguarrás e sabão com água.
- Assim que a graxa cair na roupa, tire o excesso e esfregue uma boa porção de maisena, deixando ficar por algum tempo. Depois, escove e passe um pano com álcool.

Nota – Esse processo também serve para manchas de óleo.
- Tire com álcool e, depois, água e sabão.
- Coloque um pouco de detergente sobre a mancha, molhe uma escovinha com água pura e escove o local. Deixe descansar um pouco e repita a operação quantas vezes for necessário. Lave e enxágue em água pura.

Qualquer tecido (malha) – Coloque sobre a mancha umas gotas de óleo de cozinha. Em seguida esfregue com um pedaço de sabão em pedra seco. Enquanto estiver fazendo essa operação, jogue de vez em quando umas duas colheres de água por cima, esfregando com as mãos até dissolver a mancha. Se preciso, passe mais sabão seco. Quando não houver mais vestígio da mancha, lave (de preferência a peça toda, para que não fique marcada).

Após a remoção desta mancha, pode aparecer uma outra, ferruginosa, que deve ser tratada como mancha de ferrugem.

Veja FERRUGEM.

GRAXA DE AUTOMÓVEL, BICICLETA E MOTO

Com um pedaço de sabão em barra ou de coco, esfregue e lave a mancha debaixo da torneira aberta até sumir.

Se necessário, retire o excesso de graxa com uma lâmina e esfregue gasolina, terebintina, benzina retificada ou, ainda, tetracloreto de carbono.

Qualquer tecido (malha de algodão branco e cor firme) – Molhe o local, esfregue sabão em pedra seco e, de vez em quando, coloque umas gotas de solvente de limpeza. Esfregue até a mancha sumir. Na falta de um solvente de limpeza, use qualquer produto derivado de petróleo.

GRAXA LUBRIFICANTE PRETA

Retire, enquanto seca e o mais breve possível, com a lâmina de uma faca e cubra o local com leite fervente, ou mergulhe por algumas horas no leite, mantendo-o sempre quente.

Para tirar a mancha que o leite certamente deixará, passe essência de terebintina e cubra bem com talco, deixando ficar por várias horas. Sacuda e escove.

GRAXA DE MÁQUINA

Algodão branco – Este tipo de mancha pode aparecer após alguns dias e se parece com mancha de ferrugem. Aplique ácido oxálico (cuidado, pois é tóxico).

GRAXA DE SAPATO

Tecidos laváveis (graxa branca) – Molhe com água pura, deixe secar e escove bem. Então, coloque dois mata-borrões (também brancos).

GRAXA MARROM

Lave o local com água.

Tecidos delicados – Use álcool etílico.

GRAXA PRETA

Se forem frescas ou bem recentes, lave com água.

Tecidos não laváveis – Use terebintina.

Se a mancha for resistente, e o tecido for lavável, deixe de molho em uma solução de água sanitária com água pura.

GROSELHA

Branco – Lave com água e sabão.

Cor – Lave com uma solução feita de 10 gotas de ácido sulfúrico em 200 ml de água. Depois, enxágue bem.

INSETOS

Algodão (branco) – Use uma solução de água sanitária e água pura.

Seda – Dilua primeiro com água fria ou morna. Depois, passe água com amoníaco.

Manchas de moscas – Passe uma solução de água destilada e álcool.

IODO (TINTURA DE)

Branco – Coloque um algodão embebido em água oxigenada sobre a mancha e deixe por alguns minutos. Depois, lave com água e sabão.

- Esprema algumas gotinhas de limão sobre a mancha e deixe por alguns segundos. Então, cubra-a com uma rodela de limão, apertando de vez em quando para soltar bem o sumo. Aguarde mais alguns segundos e lave com água e sabão de coco.
- Jogue água fervente sobre a mancha e esfregue com sabão de coco. Enxágue com água fria.
- Logo após o iodo ter caído no tecido, pingue umas gotas de hipossulfito de sódio.
- Limpe com álcool 90° e, depois, passe sulfato de sódio.

Todos os tecidos – Use a solução feita com 15 gotas ou 1 colher de chá de hipossulfito de sódio para 100 ml de água, embebendo bem a mancha.

- Enxágue com uma solução de água e vinagre.
- Use uma solução de amoníaco e água, enxaguando bem.
- Mergulhe a mancha em leite e esfregue. Se não sair, deixe de molho em leite fervente até que este esfrie bem.
- Lave com água e sabão de coco.

LAMA – LODO

Todos os tecidos – Tire o excesso e use água pura. Depois, esfregue água e sabão. Enxágue rapidamente com água avinagrada.

- Lave com água pura. Se a mancha permanecer, coloque um pouco de cremor de tártaro em pó enquanto o local ainda estiver molhado, deixando ficar por alguns minutos. Enxágue.

- Esfregue na mancha um pedaço de batata crua e enxágue.
- Se após a retirada de uma mancha de lama ou lodo o local ficar um pouco esbranquiçado, passe uma esponja ou pano molhado em vinagre branco.

Tecidos coloridos – Se depois do tratamento de uma mancha (no linho, por exemplo) houver alteração de cor num tecido colorido, de um modo geral, pode-se reavivá-la usando uma solução de amoníaco.

Tons azuis – Use água e amoníaco a 6 volumes.

Tons vermelhos – Use ácido acético ou ácido clorídrico diluído em 10 volumes de água.

Impermeáveis – Esfregue uma mistura de água quente e vinagre em partes iguais ou use apenas água e sabão (se a mancha for leve).

Tecidos escuros – Espere que a mancha seque; então, limpe com uma escova áspera.

Se restarem vestígios, esfregue uma batata crua cortada ao meio até a mancha sumir totalmente. Escove bem.

LÁPIS

Antes de molhar o tecido, apague os riscos com uma borracha e lave normalmente.

Algodão, linho branco – Nas manchas leves, use a borracha; se não sair, aplique uma solução de água pura com água sanitária.

Tecidos delicados – Se não sair com borracha, que deve ser passada delicadamente para não rasgar o tecido, aplique álcool ou gasolina.

LÁPIS-TINTA

Branco – Passe uma mistura feita com 3 colheres de sopa de álcool e ½ colher de sopa de ácido clorídrico, respingando-a com água morna.

Coloque álcool, acetona ou éter sobre a mancha e lave em seguida com água e sabão.

Cor – Use uma mistura de álcool e vinagre branco.

Use glicerina morna e lave em seguida.

LAQUÊ

Tire com álcool.

LEGUMES

Algodão (branco) – Deve-se ter muita paciência ao tentar retirar essas manchas, pois são muito difíceis de sair. Pode-se usar água oxigenada ou água sanitária puras, tocando levemente para que o tecido não se parta; logo após a aplicação, enxágue esfregando até desaparecer.

Legumes verdes – Tire o verdete com álcool oleoso e sulfuroso. Depois, use água oxigenada e amoníaco. Enxágue bem em seguida.

Seda – Tire com álcool ou amoníaco; depois, lave com água e sabão de coco.

LEITE

Algodão (branco) – **Mancha recente** – Lave e esfregue com água morna e sabão de coco. Se a mancha persistir, passe benzina e, depois, água morna. A benzina pode ser substituída por água oxigenada.

Mancha antiga – Use uma solução de água, amoníaco e 1 colher de café de sal. Depois, enxágue em água pura.

Cores – Tire com água morna e sabão de coco.

Lã – Passe água fria e sabão de coco; se a mancha persistir, passe água fria com um pouco de amoníaco. Enxágue.

Seda – Tire com benzina, éter, amoníaco ou, ainda, com gema de ovo. Passe um pano molhado no solvente e esfregue na mancha, sempre em movimentos circulares e de fora para dentro, para que a mancha não se espalhe.

Pode-se remover essa mancha esfregando-a com um algodão embebido em essência de baunilha (somente se for a legítima). Em seguida, enxágue com água morna.

Tecidos não laváveis – Use os mesmos processos indicados para manchas em seda.

LICOR

Esfregue com água fria ou morna. Porém, se a mancha persistir, aplique água fria e álcool em partes iguais. Em seguida, esfregue umas gotas de glicerina, deixando ficar por meia hora. Enxágue com água morna.

Esfregue uma escova molhada em água morna ou fria. Porém, se aparecer uma auréola ao redor da mancha, use ácido acético e depois permanganato de potássio ou bissulfato.

Tecidos finos – Tire com umas gotas de álcool ou amoníaco.

LIMÃO

Seja rápido no tratamento de manchas de suco de limão, para evitar que penetrem no tecido. Lave o local com um algodão embebido numa solução de água com amoníaco. Depois, enxágue com água morna.

MAIONESE

Retire o excesso, se houver, e trate a mancha com qualquer dos processos usados para manchas de GORDURA. Se ainda restarem vestígios, termine o tratamento aplicando qualquer processo para manchas de OVO.

MANTEIGA

Todos os tecidos – Depois de ter colocado um pano absorvente por baixo da mancha, molhe bem uma escova em benzina ou tricloretileno e dê ligeiras e rápidas batidinhas sobre a mancha. Retire o pano e, se tiver ficado uma auréola ao redor, molhe um outro pano em benzina e esfregue circularmente, sempre da borda para o centro.

Tecidos mais finos – Aplique talco por cima e por baixo da mancha e, em seguida, passe o ferro razoavelmente quente em ambos os lados. Sacuda bem.

Cores – Tire com água morna e sabão de coco, ou tricloretileno e pó absorvente.

MAQUIAGEM – BASE

Algodão (branco) – Passe tricloretileno. Se a mancha persistir, passe uma mistura de água sanitária e água pura ou com água oxigenada.

Seda – Tire com água e sabão de coco. Depois, com água oxigenada.

Cor – O mesmo processo indicado para SEDA.

Tecidos escuros – Apenas esfregue miolo de pão nos lugares manchados.

MATÉRIAS ALBUMINOSAS (PLASMA E OUTROS)

Pode-se usar o mesmo processo indicado para manchas de SANGUE.

Algodão e outros tecidos – Lave com água fria ou com uma solução feita de 1 parte de potassa iodada para 4 partes de água.

Seda – Cubra a mancha com um mingau (cru) feito de água e amido, farinha de trigo ou de batata, deixando até que seque bem. Depois, enxágue.

MERCUROCROMO

Algodão (branco) – Esfregue a mancha, delicada e rapidamente, com um algodão embebido em água oxigenada ou água sanitária, lavando logo em seguida. Repita a operação até a mancha sumir.

Use uma solução feita com partes iguais de álcool e ácido acético, dissolvidos em uma boa quantidade de água morna.

METAL

Metal em algodão (branco) – Pingue no local umas gotas de limão e esfregue. Deixe ficar até que seque.

Coloque a parte manchada dentro de um recipiente e derrame sobre ela um pouco de vinagre branco. Deixe por alguns minutos, esfregando de vez em quando. Depois enxágue.

MOFO

Use seguindo as instruções do rótulo.

Algodão (branco) – Faça uma infusão com água e uma boa porção de folhas de pessegueiro; coe e esfregue de vez em quando sobre o local. Se depois de ter eliminado a mancha ficar uma parte esverdeada, é só retirar com água e sabão de coco. Enxágue bem.

- Embeba um chumaço de algodão em *líquido de Dakin* e coloque em cima da mancha, deixando ficar por alguns minutos. Se restarem vestígios, repita a operação. Então, lave com água e sabão e enxágue bem.
- Coloque o local manchado dentro de uma vasilha com água fervente e uma boa colherada de bicarbonato. Mantenha essa água bem quente por mais ou menos duas horas, esfregando de vez em quando. Se mesmo assim a mancha persistir, coloque um pouco de molho em água sanitária com água pura, esfregando de vez em quando. Depois, enxágue bem.
- Molhe a mancha e cubra-a com bastante polvilho umedecido, leve ao sol para corar por algumas horas, mantendo o local úmido. Depois, lave a peça toda.
- Mergulhe o tecido em solução de água bem quente, sabão em pó e água sanitária, deixando por algum tempo; esfregue de vez em quando. Depois enxágue.
- Ensaboe bem a mancha e deixe de molho em água pura fria e água sanitária numa quantidade suficiente para cobri-la. Deixe corar ao sol, esfregando de vez em quando. Enxágue.
- Esfregue com um pano molhado numa solução feita com 5 colheres de sopa de água oxigenada, 1 colher de sopa de amoníaco e 20 colheres de sopa de água. Depois, lave bem com água e sabão.
- Use uma solução feita com 1 colher de sopa de amoníaco para cada 2 litros de água fervendo.
- Molhe e esfregue bem o local com leite cru. Em seguida, deixe ao sol, mantendo sempre umedecido com o leite. Enxágue em água fria e pura.
- Se o local estiver muito mofado, deixe as manchas mergulhadas em soro de leite de um dia para outro. Então, lave normalmente.
- Esfregue bem o local com suco de limão e sal. Deixe o tecido ao sol, mantendo o lugar umedecido. Depois, lave com água e sabão e deixe secar ao sol.
- Ferva o tecido numa solução de 10g de sal comum e de sal amoníaco para cada litro de água.

Tecido colorido – Mergulhe a parte manchada em leite fervente e deixe em fogo baixo até desaparecer. Em seguida, lave com água morna misturada em um pouco de vinagre branco.

- Coloque sal e limão sobre o mofo, mantendo-o molhado com limão por algum tempo. Não exponha ao sol. Depois, lave toda a peça.
- Mergulhe a mancha em leite azedo, renovando o leite até sair a mancha. Em seguida, lave em água morna e vinagre branco.

Lã e seda – Use os mesmos processos indicados para manchas em tecidos coloridos.

Gabardine, lã, veludo – Primeiro, pendure o tecido ao sol até que fique bem quente. Então, escove o tecido manchado dos dois lados (direito e avesso), usando uma escovinha umedecida em álcool. Em seguida, passe o ferro quente, colocando um pano sobre o tecido manchado.

Malha clara – Faça uma pasta com raspas de sabão de coco e água, aplique sobre a mancha e deixe ao sol por várias horas, mantendo o local sempre umedecido. Lave a peça toda.

MOFO AVERMELHADO

O mofo avermelhado é tirado da seguinte maneira: mergulhe o tecido num recipiente contendo água com sabão em pó e um bom punhado de fubá. Leve ao fogo e deixe ferver em fogo baixo por bastante tempo. Depois, enxágue e deixe um pouco ao sol; enxágue novamente e leve a secar.

MOFO DE PONTINHOS PRETOS

Veja AMARELADAS DE UMIDADE DE GUARDADOS.

Veja também BOLOR.

MOLHOS (EM GERAL)

Esfregue na mancha (em cima e embaixo) nabo branco cortado na hora ou ralado (de preferência). Depois lave.

MOLHO DE TOMATE

Manchas recentes – Lave com água quente e gotas de amoníaco. Enxágue.

Manchas antigas – Tire com uma mistura de água oxigenada a 10 volumes e gotas de amoníaco. Depois, enxágue com água pura.

MOSTARDA

Manchas recentes – Molhe com água fria e esfregue.

Manchas antigas – Se a mancha persistir depois de lavada com água fria, estique bem o local sobre um recipiente e com um conta-gotas, pingue sobre a mancha glicerina previamente aquecida (cuidado ao aquecer a glicerina). Aguarde alguns segundos e enxágue com água fria.

NICOTINA (FUMO)

Algodão – Lave com água e sabão de coco ou em pó. Se a mancha persistir, mergulhe em uma solução de água pura e água sanitária, esfregando de vez em quando. Depois, enxágue em água pura.

- Pingue no local suco de limão ou vinagre branco, friccionando com um pano. Depois, deixe a peça de molho em água pura. Torne a enxaguar.
- Lave com uma solução feita de amônia líquida e glicerina em partes iguais. Passe um algodão embebido em álcool apenas no local da mancha. Enxágue.

Lã, seda – Use uma solução feita com 1 colher de sopa de água oxigenada a 10 volumes para 4 colheres de sopa de água. Depois da peça lavada, passe álcool. Se a mancha resistir, use água oxigenada. O álcool pode ser substituído por éter ou tetracloreto de carbono. Enxágue com água pura.

- Primeiro, lave com água e sabão; depois, use essência de terebintina e sal de azedas. Enxágue.

NITRATO DE PRATA
- Esfregue o local com água fria salgada.
- Use o bicloreto de mercúrio, enxaguando em seguida com água fria.

Molhe em água fria e esfregue com iodeto de potassa ou com cloreto de cal. No amarelado que ficar, esfregue uma solução concentrada de hipossulfito de soda ou uma solução concentrada de amoníaco. A mancha desaparecerá completamente.

NOZ
Algodão, linho, tecido branco – A mancha preta deixada pela noz deve ser retirada o mais depressa possível, senão sua remoção será dificílima.

Mancha recente – Ferva o tecido numa solução forte de água e sabão em pó.

Manchas antigas – Insista na solução de água pura e água sanitária, deixando o tecido ao sol por algumas horas. Mantenha o local sempre umedecido com a solução, esfregando de vez em quando. Enxágue.

Tecidos delicados – São irremovíveis.

ÓLEO – AZEITE
Veja GORDURAS.

ÓLEO – LUSTRA-MÓVEIS
Lave com água e sabão de coco ou sabão em pó. Veja também RESINAS.

Tecidos delicados – Aplique qualquer solvente de gordura (tetracloreto de carbono, por exemplo). Lave com água pura.

ÓLEO DE MÁQUINA
Passe no local um pano molhado numa solução de água com um pouquinho de amônia. Depois, enxágue.

Use benzina. Porém, se depois de tratada a mancha restar uma auréola ao seu redor, estique bem a parte manchada sobre o vapor de água por alguns segundos.

ÓLEO MINERAL
Veja GRAXA.

ÓLEO DE RÍCINO
Depois de ter colocado um mata-borrão ou pano absorvente por baixo da mancha, aplique álcool etílico 90°. Lave normalmente com água e sabão. Enxágue bem.

OVO
Clara – Não use água quente, apenas fria. Se necessário, esfregue com água oxigenada.

Use água e amoníaco.

Gema – Não use água quente, pois fixa ainda mais a mancha. Antes de lavar, deixe de molho em água fria por uma hora. Use uma mistura de água fria, sabão de coco e um pouco de amoníaco. Depois, enxágue bem.

Coloque uma pasta feita de sal e água (sal com gotinhas de água) sobre a mancha, deixando ficar por algum tempo. Então, lave com água pura.

Nota – Antes de proceder à operação tira-mancha, observe se o ovo já está endurecido. Neste caso, raspe primeiro com a lâmina de uma faca.

PARAFINA
Qualquer tecido – Raspe o excesso com uma lâmina ou faca. Então coloque a parte manchada sobre um pano úmido e passe o ferro quente. Ou, então, coloque a parte manchada entre dois mata-borrões e passe o ferro bem quente.

Após a retirada do excesso de parafina, molhe uma escova em álcool e esfregue bem o local.

Se em qualquer dos casos restarem vestígios da mancha, passe um pouco de aguarrás ou tetracloreto de carbono.

PERFUME
Embeba a mancha com a mistura de casca de quilaia (à venda em casas de ervas) raspada e água morna. Depois, enxágue.

PERMANGANATO DE POTÁSSIO
Qualquer tecido – Trate a mancha com uma solução de ácido oxálico. Depois, lave bem.

Pode-se, também, usar o processo indicado para manchas de IODO.

PETRÓLEO
Qualquer tecido – Depois de ter colocado um pano sob a mancha, molhe uma escova em benzina ou tricloretileno e dê rápidas batidinhas na mancha. Se ficar um círculo ao redor da mancha, molhe um chumaço de pano em benzina e friccione-a circularmente, das bordas para o centro.

Com exceção dos tecidos sintéticos, pode-se tirar essas manchas de qualquer tecido usando uma solução feita com 4g de sulfato de sódio para cada 100ml de água. Depois, enxágue.

Tecidos mais finos – Coloque um pouco de talco por baixo e por cima da mancha e passe o ferro (não muito quente) em ambos os lados.

Seda – Use o processo anterior, ou lave o local com água morna e sabão de coco.

PICHE
Todos os tecidos – Coloque sobre a mancha umas gotinhas de óleo de cozinha e esfregue um pedaço de sabão em pedra seco. Coloque um pinguinho de água e esfregue com as mãos até que a mancha esteja dissolvida. Se necessário, passe mais sabão seco. Então, lave (de preferência a peça toda, para que não fiquem marcas).

Espalhe sobre a mancha um pouco de manteiga (ou outra gordura) para amolecer o piche e deixe ficar por alguns minutos. Retire o excesso com uma faca ou lâmina e passe um algodão molhado em benzina, terebintina ou gasolina. Se necessário, enxágue com água morna.

Cubra a mancha com querosene, deixando ficar por três horas. Mergulhe a peça toda em água quente e sabão em pó. Esfregue um pouco e deixe de molho por meia hora. Enxágue bem com água fria.

PLANTAS VERDES
Passe álcool e lave com água e sabão.

PÓ DE ARROZ
Cores escuras – Friccione imediatamente o local com um pano embebido em café frio (sem açúcar).

POEIRA
Lã colorida, seda – Coloque sobre a mancha seca uma mistura feita de gema de ovo e álcool, deixando ficar até que seque bem. Raspe com uma lâmina e escove bem com uma escova seca.

Outros tecidos – Apenas bata e escove, sacudindo bem.

PONCHE
Qualquer tecido ou cor – Lave com água morna e sabão. Enxágue bem. Se a mancha persistir, use uma solução de água e amônia, e uma solução de ácido oxálico (tome cuidado), alternadamente. Enxágue. Se mesmo assim ainda restar vestígio, use o processo indicado para tirar manchas de FRUTAS EM GERAL.

PRATA
Use detergente.
Esfregue um algodão molhado em sais de azedas.

PRODUTOS DE LIMPEZA
Use o mesmo processo indicado para tirar manchas de PETRÓLEO.

PRODUTOS PARA LIMPEZA DE METAIS
Embeba a mancha com tricloretileno e deixe ficar por alguns minutos. Então, passe uma escova. Se necessário, lave com água e sabão de coco. Se a mancha persistir, repita a operação.

QUEIMADO

Esfregue com água oxigenada ou com uma solução de água e amoníaco. Em seguida, enxágue bem.

Veja também CHAMUSCADO.

QUEROSENE

Lave com água fria. Se a mancha persistir, lave com uma solução bem fraca de água e do próprio querosene. Depois, enxágue.

REFRIGERANTES

Lave e esfregue com detergente e água quente. Enxágue com água fria.

REMÉDIOS

Solução aquosa – Remova com água fria.

Tinturas – Aplique álcool etílico; se a mancha persistir, use água clorada e enxágue em água pura.

Sais metálicos – Use soluções diluídas de ácidos. Enxágue.

Nitrato de prata – (É encontrado geralmente em remédios indicados para garganta.) Deixe a mancha de molho em uma solução de água sanitária e água pura.

Todas as soluções aqui indicadas são para tecidos de algodão branco.

RESINA

Branco – Passe sobre a mancha um algodão embebido em essência de terebintina, benzina retificada, éter, gasolina ou, ainda, querosene. Depois, enxágue e deixe ao sol para eliminar o odor dos solventes.

• Esfregue o local, alternando aguarrás e sabão com água limpa.

Algodão colorido, lã, seda – Esfregue a mancha com banha de porco; em seguida, ensaboe bastante e deixe repousar por alguns minutos. Então, vá passando alternadamente aguarrás e água quente.

• Coloque sobre a mancha uma mistura de gema de ovo e aguarrás e deixe ficar até que esteja bem seca. Raspe com uma lâmina e lave com água morna.

RUGE (blush)

Qualquer tecido – Coloque sobre a mancha qualquer elemento gorduroso (óleo, manteiga etc.) e deixe agir por algum tempo. Raspe o excesso com uma lâmina e em seguida trate como uma mancha de gordura. Veja GORDURAS.

SALIVA

Algodão branco – Lave primeiro com água pura; depois, deixe de molho em uma solução de água sanitária com água pura. Em seguida, enxágue bem.

Outros tecidos – Molhe com água fria ou morna e escove várias vezes. Então, lave com água e gotas de amoníaco. Enxágue bem.

SANGUE

Manchas recentes – Nunca lave essas manchas com água quente, porque isso iria fixá-las ainda mais. Lave na mesma hora com água fria e sabão, esfregando bem até que desapareçam. Se a mancha persistir, deixe o local de molho numa mistura feita de ½ xícara de chá de sal para cada litro de água. Em vez do sal, pode-se usar uma mistura feita com 1 colher de chá de amoníaco para 250ml de água. Depois, enxágue bem.

- Passe água oxigenada de 20 volumes. Depois, enxágue.
- Coloque sobre a mancha uma pasta espessa feita com amido e água, deixando ficar até secar bem (demora). Então, é só escovar.
- Mais simples e rápido é esfregar sobre a mancha uma pedrinha de gelo até que desapareça por completo.

Seda – Cubra a mancha com uma mistura (pasta) feita de amido (ou de farinha de trigo, ou de batata) com um pouco de água, deixando ficar por algumas horas ou até que esteja bem seca. Escove e enxágue.

Manchas antigas – Use uma mistura feita com 1 colher de café de ácido tartárico para 250ml de água. Enxágue bem.

- Use água e amoníaco nas mesmas proporções citadas anteriormente.
- Pingue umas gotas de água oxigenada sobre a mancha.

- Se depois de ter usado esses métodos a mancha persistir, conserve o local molhado com a mistura de água oxigenada e amônia por algum tempo. Depois, enxágue.

Em colchão riscado – Aplique sobre o local manchado uma pasta grossa feita de goma e água. Se possível, deixe ao sol por algum tempo. Quando a pasta secar, retire e coloque outra, procedendo assim até a mancha desaparecer

- Se a mancha for causada por uma espetada de agulha no dedo, faça o seguinte: enrole um fio de linha branca, fazendo uma bolinha; molhe esta bolinha com saliva e aplique-a sobre a mancha, apertando um pouquinho. Deixe ficar por uns minutos. Se necessário, repita a operação, pois o resultado é ótimo.

SEBO

Esfregue essência de terebintina. Depois de retirada a mancha, elimine o odor desagradável passando álcool retificado, ou coloque o local sobre vapor d'água.

SOPA

Veja NÓDOAS, no item LEITE ou ÓLEO.

SORVETE

Algodão – Lave com água fria e sabão de coco.

Tecido branco – Mergulhe o local manchado em uma mistura de água sanitária com água pura. Depois, enxágue bem.

Use detergente e água quente.

Lã, seda e tecido de cor – Esfregue com água e sabão de coco; depois, empregue a solução de água e amoníaco.

Enxágue bem e seque à sombra.

SUOR

LAVAGEM LOCAL

Se a roupa estiver limpa, não há necessidade de lavar a peça toda. Basta limpar o lugar que estiver manchado.

Linho, algodão branco – Se for possível, deve ser lavada imediatamente com água e sabão de coco. Nas marcas que ficarem, esfregue um pano embebido numa solução de água e água oxigenada. Depois, enxágue.

- Antes de lavar, coloque sobre a mancha uma pasta feita com bicarbonato e água, deixando ficar por algum tempo. Então, tire a pasta e lave o local.
- Passe sobre a mancha um pano molhado numa solução feita de álcool e amoníaco em partes iguais. Em seguida, passe água quente e deixe secar.
- Use uma solução feita com 3 partes de água para 1 parte de amoníaco. Depois, enxágue.
- Coloque o local manchado de molho numa solução de água pura e água sanitária. Depois, deixe ao sol, mas mantenha o local sempre umedecido com a própria solução. Em seguida, enxágue.

LAVAGEM TOTAL

Algodão – Antes de lavar a peça toda, deixe-a ficar de molho por alguns minutos numa solução forte de água bem salgada.

Rale ou raspe sabão de coco em quantidade suficiente para encher um copo (de geleia) e coloque em um balde com água quente e 1 colher de sopa de terebintina. Deixe espumar bem. Mergulhe a roupa e deixe de molho por quatro horas, esfregando de vez em quando os lugares manchados. Enxágue bem.

Manchas leves – Com o tecido ainda seco, umedeça um sabão de coco e esfregue bem onde estiver manchado, deixando agir (sem molhar) por algum tempo. Então, lave normalmente.

Manchas maiores – Proceda como nas manchas leves; porém, depois de o sabão ter agido, molhe e esfregue bem os lugares, passe mais sabão de coco e leve para corar ao sol, mantendo sempre as manchas umedecidas e esfregando de vez em quando. Quando tiverem saído, lave normalmente.

Manchas antigas – Faça uma pasta com sabão em pó para roupa fina e bórax em partes iguais, usando água apenas o necessário para formar essa pasta. Esfregue bem e deixe agir por algumas horas (se puder, deixe ao sol). Depois, lave a peça normalmente.

Aplique sobre a mancha vinagre branco misturado com um pouquinho de água.

Cor – Mergulhe as partes manchadas numa mistura de clorofórmio com ácido acético (apenas umas gotas). Depois, lave.

Malhas – Derrame sobre a mancha água fervente contendo um pouco de amoníaco. O tecido deve estar esticado na boca de um recipiente alto e fundo, a fim de que a água possa atravessá-lo. Depois, enxágue com água fria.

Seda, Lã – Lave com água morna e água oxigenada.

Em qualquer tecido – Use hipocloreto de sódio ou hidrossulfito de sódio diluídos. Se o tecido for de lã, faça uma solução bem mais fraca. Depois, enxágue o local.

Nas golas, colarinhos e punhos – Antes da lavagem normal, esfregue uma grossa camada de giz branco e deixe assim por algumas horas ou até o dia seguinte. Sacuda bem e lave.

TANINO

Esfregue bem com água fria e gelo.

Esfregue com água e sabão de coco e deixe ao sol por algum tempo, mantendo o local sempre umedecido e esfregando de vez em quando. Se depois de enxaguada a mancha ainda persistir, use água clorada quente.

OUTRAS MANCHAS

TINTAS E TINTURAS
ALIZARINA (MATÉRIA CORANTE)
Algodão branco – Use uma solução de ácido acético, de ácido oxálico, ou, ainda, de ácido tartárico. Quanto mais antigas forem essas manchas, mais concentrada deverá ser a solução.

Tecidos coloridos (algodão e lã) – Use ácido cítrico diluído. Se a cor permitir, pode-se usar também ácido tartárico diluído.

Seda colorida – Se a cor for firme, use vinagre branco forte. Em seguida, passe por água e cinza de madeira. Enxágue com água e um sabão forte.

ANILINA
Tecidos laváveis – Lave com água e sabão.

Use uma solução fraca de água sanitária.

Tecidos não laváveis – Umedeça o local com uma solução de amoníaco a 5% e deixe ficar por alguns segundos. Então, esfregue uma solução de ácido oxálico, que serve para clarear.

Lã – Derrame álcool sobre a mancha, colocando antes um pano por baixo, que deve ser constantemente mudado de lugar.

BOTÃO COLORIDO
Passe no local um algodão embebido em álcool canforado. Depois, enxágue.

CARIMBO
Esfregue bem com uma mistura de suco de limão e sal. Se necessário, leve ao sol por algum tempo, mantendo o local sempre umedecido com limão, esfregando de vez em quando. Depois, lave.

CORES DESBOTADAS EM ESTAMPADOS
- Coloque o local imediatamente de molho em uma vasilha com água bem salgada, deixando assim por uns 15 minutos. Torça e seque à sombra.
- Mergulhe o lugar desbotado em água com vinagre branco ou água com amoníaco. Torça e seque à sombra.

CORES MISTURADAS (TECIDOS COLORIDOS MISTURADOS)
Tecidos de cores diferentes, quando lavados na mesma água, quase sempre mancham um ao outro. Para aquele que ficou manchado, use um dos seguintes processos:
- Se o tecido que manchou for branco, depois de retirado todo o sabão, leve para ferver em várias águas, até a mancha desaparecer. Se o tecido for resistente, deixar de molho na solução de água sanitária.
- Leve ao fogo uma solução feita com 2 colheres de sopa de açúcar para cada litro de água. Mergulhe a parte manchada (ou toda a peça), deixe ferver, mexendo sempre.
- Coloque a peça em água fria com sabão em pó e um pouquinho de água sanitária, esfregando rapidamente. Não deixar de molho. Depois, enxágue em água fria.
- Use esse mesmo processo, substituindo o açúcar por 1 colher de sopa de detergente líquido para cada litro de água.

CORES MISTURADAS ESCORRIDAS
Branca – As camisetas brancas com desenhos estampados, quando lavadas, tendem a soltar tinta. Elas ficarão perfeitas se forem penduradas debaixo de chuva forte por muitas horas ou por uma noite inteira.

Jogue água fervente com detergente líquido e esfregue o local até que a mancha desapareça. Em seguida, enxágue com água e vinagre branco.

Seda – Se a mancha for mais antiga, pingue limão e açúcar sobre o local, esfregue e leve ao sol, mantendo o local umedecido com o limão. Quando a mancha desaparecer, é só enxaguar.

Malha – Use o mesmo processo indicado para MANCHAS DE SEDA. Ensaboe bem o local com sabão de coco e polvilhe um pouco de bórax. Deixe ao sol, mantendo umedecido com água e esfregando de vez em quando. Depois, é só enxaguar. Se necessário, repita a operação até a mancha desaparecer por completo.

IMPRENSA

Mancha recente (algodão claro, branco) – Lave com água e sabão. Se não sair, esfregue o local com qualquer gordura (toucinho, por exemplo), e depois lave bem com água morna e sabão.

Manchas resistentes – Embeba o local da mancha com terebintina e deixe ficar por alguns minutos. Passe uma esponja molhada em clorofórmio ou éter.

LÁPIS-TINTA

Aplique uma solução feita com 4 colheres de sopa de água, 3 colheres de sopa de álcool e 1 colher de chá de amoníaco. Coloque o local manchado sobre um pano absorvente (ou mata-borrão), molhe uma esponja na solução e vá batendo sobre a mancha, mudando sempre o pano (ou mata-borrão) de lugar. Depois, enxágue.

MÁQUINA DE COSTURA (óleo)

Passe um pano molhado em água e amoníaco. Depois enxágue.

MÁQUINA DE ESCREVER – MIMEÓGRAFO

Algodão branco – Lave a parte manchada com uma solução de água morna e gotas de amoníaco. Se a mancha persistir, deixe-a de molho por 15 minutos na solução de 1 colher de café de ácido clorídrico em 250ml de água morna. Depois, enxágue bem.

Lã – Use essa mesma solução, acrescida de ácido oxálico a 5% (cuidado ao usar esse ácido, pois é tóxico).

NANQUIM

Manchas antigas – Amoleça a mancha com uma substância gordurosa. Lave com água e sabão. Passe benzina.

Manchas recentes – Lave imediatamente com água e sabão.

PAREDE

Brancas e claras, frescas – Pode-se usar qualquer dos seguintes produtos: querosene, benzina, gasolina, aguarrás ou terebintina. Deixe arejando, para secar e tirar o forte odor desses produtos.

Manchas recentes – Trate o mais depressa possível.

Retire o excesso de tinta com uma lâmina fininha; então, esfregue a mancha com um pedaço de pano embebido em essência de terebintina ou tetracloreto de carbono. Depois, água pura.

Manchas antigas – Recubra a mancha com banha de porco, deixando assim por 24 horas; depois, limpe com essência de terebintina. Se ficar uma mancha de gordura ao redor, limpe com benzina.

Linho – Use o mesmo processo descrito no item anterior.

Seda – Use o mesmo processo indicado para manchas antigas, substituindo a terebintina por éter sulfúrico.

Para eliminar uma mancha antiga, deixe o local de molho em benzina por pelo menos uma noite. Depois, esfregue a mancha com um pano embebido em solvente até que desapareça por completo. Se ficar uma auréola em volta, tire com benzina, sempre esfregando de fora para dentro.

De cor (sem óleo) – (algodão branco) – Passe ácido fórmico puro. Depois, enxágue.

Deixe de molho em uma solução de água pura e água sanitária.

TINTA A ÓLEO

Mancha recente – Esfregue levemente com essência de terebintina. Depois, lave com água morna.

Mancha antiga – Coloque sobre a mancha uma mistura de álcool e essência de terebintina, deixando agir por 15 minutos. Então, aplique benzol.

- Aplique uma mistura em partes iguais de álcool e aguarrás, deixando ficar por 15 minutos. Em seguida, passe benzol ou tetracloreto de carbono. Depois, enxágue.
- Raspe o grosso com uma lâmina e, em seguida, coloque um pouco de banha ou vaselina sobre o local deixando ficar por algum tempo para amolecer. Aplique terebintina e lave com água pura.

Tecidos finos – Aplique álcool.

Coloridos – Dilua a mancha com um óleo, deixando ficar por algum tempo. Trate com benzina. Se ainda assim a mancha resistir, deixe secar e passe ligeiramente ácido acético puro.

TINTA A ÓLEO PRETA

Use qualquer dos seguintes produtos: leite quente, sumo de limão, ácido cítrico ou tricloretileno. Se mesmo assim a mancha persistir, use o ácido acético puro.

PINTURAS (DE)

Algodão – Esfregue uma substância própria para tirar manchas fortes (ácido oleico, por exemplo). Em seguida, deixe o local de molho numa mistura desse ácido (a quantidade vem indicada na embalagem) para 2 partes de benzina dissolvidas em um pouco de água. Deixe por uma noite. Depois, enxágue.

Seda, linho – Use benzina, terebintina ou ainda o tetracloreto de carbono.

PLASTICOR (TINTA)

Essa tinta é usada em trabalhos artísticos escolares.

- Esfregue com água fria e sabão. Não use água quente nem passe o local a ferro, enquanto não tiver retirado totalmente a mancha, pois o calor fixará ainda mais a mancha.

RESINAS

Algodão branco – Esfregue, alternando aguarrás com sabão e água limpa.

Algodão, lã, seda (em cores) – Esfregue a mancha com banha de porco ou óleo de cozinha; ensaboe bastante e deixe repousar um pouco. Em seguida, use alternadamente aguarrás e água quente com sabão. Enxágue bem.

Pode-se substituir a água quente por gema de ovo misturada com aguarrás, deixando ficar até secar bem. Raspe e lave com água morna.

TINTA ESFEROGRÁFICA

Tinta azul (algodão branco, cores firmes)

Manchas recentes – Se a roupa for lavável, geralmente sai com água e sabão.

Pode-se usar qualquer dos seguintes processos:
- Lave, esfregando com leite frio ou com álcool.
- Use uma mistura de leite e álcool.
- Use suco de limão fresco. Depois, esfregue com água e sabão de coco.
- Enxágue e esprema sem torcer.
- Use leite talhado ou leite azedo.
- Deixe de molho numa solução de água com água sanitária. Depois, lave com água e sabão. Enxágue.
- O líquido de Dakin é ótimo para tirar este tipo de mancha; mas imediatamente após sua aplicação, deve-se lavar o local com água e sabão.
- Aplique água oxigenada.
- Esfregue um pedaço de tomate cru bem maduro no local até que a mancha saia; em seguida, lave com água e sabão.
- Esfregue a mancha com álcool 90° puro ou álcool canforado.
- Coloque a parte manchada de molho numa mistura de leite com vinagre branco, esfregando de vez em quando. Depois, enxágue.
- Pode-se tirar com tricloretileno.
- Borrife laquê e esfregue com um pano seco até a mancha desaparecer. Deixe secar. Essa operação pode ser feita quantas vezes for necessário.
- Embeba um pedaço de algodão em acetona e toque várias vezes a mancha. Assim que ela sumir, lave com água.

Jeans – Molhe um algodão em álcool canforado e vá calcando a mancha, mudando o algodão à medida que for absorvendo a tinta. Quando a mancha desaparecer, lavar, de preferência, a peça toda.

Lã – Coloque um pano por baixo da mancha e vá aplicando álcool, mudando o pano constantemente de lugar.

Seda branca – Coloque o local em um pires contendo um pouco de álcool canforado, esfregue e renove esse álcool até que ele esteja limpo. Enxágue em seguida.

- Borrife laquê, como descrito em ALGODÃO.

Lã e seda – Tire com leite quente ou essência de terebintina. Depois, enxágue com água morna.

- Pingue suco de limão no local e deixe por uns segundos, esfregue levemente com água e sabão de coco. Depois, enxágue e esprema, sem torcer.
- Primeiro, lave com água e sabão de coco; depois, use uma solução de água e amoníaco. Enxágue.

Tecido sintético – Use sabão líquido seguindo as instruções da embalagem.

Pode-se usar tricloretileno, porém convém fazer antes um teste numa pontinha do tecido.

Tecido de cor não lavável – Molhe a mancha com uma solução de amoníaco a 5%, deixando penetrar bem no tecido.

TINTA PRETA

Mancha recente – Aplique leite quente, sumo de limão ou, ainda, ácido cítrico sobre a mancha, que deve ser previamente molhada.

Mancha antiga – Cubra a mancha com tricloretileno. Com um pano molhado nesse mesmo produto bata, pressionando o local, sempre do lado avesso. Se a mancha resistir a esse processo, aplique um pouco de ácido acético puro ou álcali concentrado, misturado com água oxigenada em partes iguais, expondo o tecido ao sol para secar. Repita a operação, se necessário.

Retire com permanganato de potássio. O permanganato de potássio vai deixar uma mancha parda, que deve ser esfregada com bissulfito de sódio. Em seguida, enxágue abundantemente.

TINTA VERMELHA

Esfregue a mancha com uma solução de álcool e ácido nítrico. Em seguida, enxágue bem.

Algodão (malhas de cores neutras) – Calque a mancha com um algodão molhado em álcool canforado, trocando sempre o algodão até sair completamente a mancha. Lave, de preferência, a peça toda.

TINTURA DE CABELO

Algodão branco – De um modo geral, as manchas saem com uma solução de ácido nítrico e ácido oxálico em partes iguais. Depois, enxágue bem.

- Tire o excesso com uma lâmina de faca. Em seguida, faça o preparado de um descolorante de cabelo da maneira normal, isto é, com água oxigenada 20 volumes e aplique no local, deixando ficar por alguns minutos. Depois, lave normalmente com água morna e sabão de coco.
- Tire o excesso, lave com água quente e sabão de coco e deixe ficar de molho em solução de água sanitária. Quando a mancha sumir, enxágue em água fria.

TINTURA DE IODO

Veja IODO.

UMIDADE

Veja MOFO.

URINA

Algodão branco

Mancha recente – Lave com água e sabão.

Mancha resistente – Lave primeiro com água e depois deixe de molho numa solução de água pura e água sanitária. Enxágue bem.

- Pode-se usar álcool ou uma solução de água com amônia diluída.
- Faça uma solução de água morna, sal de cozinha e água oxigenada, deixando a mancha ficar de molho por algum tempo. Depois, enxágue bem.

- Lave com água e sabão. Depois, esfregue uma solução feita com 1 colher de café de perborato de sódio em 250ml de água oxigenada. Enxágue bem.

Pode-se usar os mesmos processos indicados para manchas de SUOR.

Mancha antiga – Dissolva ácido oxálico em água e coloque algumas gotas sobre a mancha.

Cor – Pode-se usar o mesmo processo acima, usando perborato de sódio e água oxigenada. Caso o local tenha desbotado por causa da água oxigenada, reavive sua cor usando clorofórmio e algumas gotas de ácido acético.

Em outros tecidos (branco e cor) – Umedeça antes a mancha com água fria ou quente, passando uma escova várias vezes.

Lave com uma solução de água e amoníaco.

Manchas antigas – Dissolva ácido oxálico em água e coloque umas gotas sobre a mancha, deixando repousar por 10 minutos. Depois lave com água pura.

VASELINA

Algodão branco – Lave com água quente e sabão detergente. Enxágue.

Cor – Lave com detergente ou tricloretileno. Enxágue.

Todos os tecidos – Depois de ter colocado um pano sobre a mancha, molhe uma escova em benzina ou tricloretileno e dê rápidas batidinhas sobre a mancha. Se ficar uma auréola, embeba um pano em benzina e friccione-a circularmente sempre de fora para o centro.

Pode-se substituir a benzina por gasolina ou clorofórmio.

Em tecidos mais finos (voal, musseline, seda etc.) – Aplique talco por cima e por baixo da mancha; em seguida, passe o ferro quente, mas não demais, em ambos os lados.

VELA

Em qualquer tecido ou cor – Raspe o excesso (se houver) com o lado cego de uma faca. Em seguida, coloque o lugar manchado entre dois mata-borrões (ou dois pedaços de papel de seda) e passe o ferro quente, mudando sempre o papel de lugar, até sumir a mancha.

Derrame um pouco de álcool sobre a mancha. Ao evaporar, o álcool secará a estearina, que poderá, então, ser despregada do tecido. Se necessário, lave com água e sabão.

VELA COLORIDA

Depois de removida a gordura, coloque um algodão embebido em benzina ou álcool sobre a mancha. Lave (de preferência a peça toda).

Tecido branco ou cor firme – Depois de raspada a vela colorida que ficou no tecido, lave com água e sabão; caso persista, use água oxigenada ou uma solução de água sanitária com água pura.

Depois, enxágue bem com água pura.

VERDURAS

Algodão branco – Deixe de molho numa solução de água com água sanitária. Depois, enxágue.

Pode-se usar água com amoníaco.

Cor – Esfregue um pedaço de toucinho fresco na mancha. Depois, lave com água morna e sabão de coco.

Lave o local com álcool ou querosene e, em seguida, lave cuidadosamente com água pura.

Lave e depois passe água com amônia.

Lã, seda – Lave o local com água e sabão neutro. Depois, passe rapidamente água com amoníaco.

VERNIZ

Algodão branco

Mancha recente – Passe uma camada de removedor de tinta. Em seguida, passe éter sulfúrico e, depois, álcool. Se restarem vestígios, escove com benzina.

- Dissolva o verniz, umedecendo o local com álcool, acetona ou benzina. Deixe secar ao ar livre.
- Use aguarrás ou benzina; depois, lave o local com água e sabão. Coloque o local manchado entre dois mata-borrões e passe o ferro quente.

Manchas antigas – Aplique sobre a mancha uma mistura de amônia e terebintina em partes iguais. Depois, lave bem. É preciso ter paciência; a operação deve ser repetida muitas vezes seguidas, porque a mancha vai desaparecendo lentamente.

Tecido branco fino – Esfregue primeiro com álcool e, depois, ensope bem o local com uma mistura de terebintina e um pouco de clorofórmio, para que não fique nenhum vestígio.

Lã – Cubra a mancha com uma substância gordurosa, deixando ficar por algumas horas. Raspe o verniz com uma faca (ele já deverá estar amolecido). Retire a mancha gordurosa que restou com benzina ou essência de terebintina.

Além de benzina, pode-se usar o éter, desde que cuidadosamente; em seguida, passe água e sabão.

Seda – Além do último processo indicado para tirar manchas de lã, também pode-se usar uma mistura de éter e carbonato de magnésio. Esta mistura deve ter a consistência de um mingau e deve ficar sobre a mancha até que esteja bem seca. Retire logo após.

Seda e algodão – Nesses dois tecidos, a mancha de verniz pode ser retirada molhando-se primeiro com leite e, em seguida, benzina.

VINAGRE

Algodão branco – Passe um pano embebido em água oxigenada e, depois, em água pura.

Use amoníaco diluído em água.

Cor – Se o tecido e a cor não forem delicados, umedeça primeiro a mancha com água e, em seguida, molhe um pano em água clorada quente e pingue, gota a gota, sobre o local. Se necessário, passe água pura depois.

Algodão e sedas estampadas – Quando cair vinagre sobre um tecido colorido e manchar, embeba uma esponja em uma solução de leite com 2 colheres de sopa de amoníaco para 6 colheres de sopa de água morna e coloque sobre o local. Num instante a cor voltará ao normal.

VINHO

Vinho tinto e vinho branco – Em tecido branco ou de cor firme.

As manchas de VINHO TINTO podem ser retiradas como as manchas de FRUTAS VERMELHAS.

- Se puder lavar na hora, use água quente e detergente ou deixe de molho em água pura com água sanitária.
- Não podendo lavar na hora (é o caso das toalhas de mesa), coloque um punhado de sal, de farinha de mandioca (farinha de mesa) ou de polvilho sobre o local, procurando limpá-lo depois, enquanto ainda estiver úmido, para não dificultar a retirada da mancha. Assim, antes de lavar, passe primeiro uma esponja embebida em álcool sobre a mancha; então lave com água fria e sabão de coco. Esfregue imediatamente com vinho branco, depois de ter colocado um pano por baixo da mancha. Em seguida, lave com água e sabão.
- Use água clorada quente.
- Use solução de ácido tartárico.
- Molhe a mancha com água oxigenada 10 volumes e pingue amoníaco, gota a gota.

Manchas antigas e recentes – Mergulhe o lugar manchado numa panela com leite levemente adocicado e leve ao fogo, para ferver um pouco. Apague o fogo e deixe o tecido de molho até que o leite esfrie completamente, esfregando de vez em quando. Enxágue.

Estique bem o local manchado sobre a boca de um recipiente alto e fundo, coloque um punhado de sal sobre a mancha e despeje uma chaleira de água fervente bem do alto.

Cor – Molhe bem a mancha com leite quente e lave com água morna.

- Derrame sobre o local uma mistura de água quente com uma colherinha de amoníaco. Depois, enxágue com água fria.
- Pingue sobre a mancha umas gotas de limão e lave logo em seguida.

Lã – Aplique uma solução de água e amoníaco. Enxágue.

Exponha a mancha ao vapor de enxofre. Veja TECIDOS EM GERAL.

VISGO (PLANTA)

Passe sobre a mancha, com muito cuidado, um pouco de querosene. Depois, enxágue bem.

XAROPES

Manchas recentes ou antigas – Lave com água fria ou quente. Depois, passe álcool e deixe secar. Use este procedimento para qualquer tipo de tecido.

Cetim branco

Manchas recentes – Polvilhe imediatamente o local com bastante farinha de trigo e retire logo em seguida, batendo levemente. Cubra novamente com farinha de trigo, deixando ficar por algumas horas. Depois limpe com uma escova macia.

Cetim preto

Manchas recentes – Polvilhe o local com sal e cubra com rodelas de batata crua, deixando ficar por algumas horas. Sacuda e escove.

Pode-se, também, usar os mesmos processos indicados para tirar manchas de LICOR.

MANCHAS DIFÍCEIS DE SAIR

Não são tão difíceis como parecem, principalmente se o tecido for de cor clara. É só aquecer um pouco de glicerina e esfregar sobre a mancha com uma esponja ou pano, deixando descansar por 5 minutos. Lave com água fria e um pouco de álcool.

MANCHAS PERSISTENTES

Se após passar no tecido um produto para retirar uma mancha e ela persistir, apesar de melhorar o seu aspecto, insista pacientemente no tratamento, quantas vezes se fizer necessário, usando sempre o mesmo produto e as mesmas dosagens, que, ao serem alteradas, poderão prejudicar ou mesmo danificar o lugar manchado.

MANCHAS NÃO ESPECÍFICAS

Uma mancha desconhecida pode ser tratada com uma mistura de amoníaco, éter, vinagre branco e aguarrás. Aplique com um algodão, cuidadosamente. Depois, lave com água pura.

Outras maneiras podem ser usadas para eliminar manchas desconhecidas. Lembramos, porém, que cada produto será empregado, ou seja, experimentado, até certo ponto. Se a mancha reagir ao produto, é sinal de que podemos insistir no tratamento com esse mesmo produto. Porém, se nenhuma alteração for acusada, podemos começar a empregar outros produtos, na seguinte ordem:

- Benzina, tricloretileno, sabão com benzina e solvente contra pintura.
- Água fria, morna ou quente.
- Amoníaco para tecidos coloridos diluído em água.
- Sulfonatos, sabão.
- Ácido acético puro.
- Sabão, água quente.
- Água oxigenada, permanganato, bissulfito.
- Água sanitária, em tecido branco de algodão, dissolvida em água pura.
- Ácido oxálico, 10 gotas por litro de água.

Escolhido o produto a ser usado, o próximo passo é saber que:

Os solventes de GORDURA (benzina, gasolina, terebintina, éter e álcool) são inflamáveis e nunca devem ser usados perto de fogo ou de fontes de calor.

O tetracloreto de carbono e o tricloretileno desprendem vapores tóxicos; por isso, devem ser manejados onde haja ventilação. Logo após o uso, feche imediatamente a garrafa.

Após ter experimentado um produto e antes de tentar outro, deve se eliminar bem o primeiro, o que poderá ser feito enxaguando-o, escovando-o ou neutralizando-o.

Após o uso de água sanitária, amônia ou água oxigenada, deve-se enxaguar bem e cuidadosamente o local, para evitar que esses produtos deixem suas marcas.

MANCHAS NÃO ESPECÍFICAS EM LÃS

Limpe com álcool, benzina ou fluido de isqueiro. Se uma mancha mais rebelde persistir, passe uma solução feita com 1 colher de sopa de amoníaco para ½ litro de água.

MANCHAS GORDUROSAS

Essas manchas em geral saem com benzina, essência de terebintina, éter, álcool, gasolina comum (todos produtos inflamáveis), tetracloreto de carbono, sabão (de preferência, sabão de coco), amoníaco, lixívia.

GRAXAS E GORDURAS

São absorvidas por amido, féculas, farinha de trigo, talco, giz e gesso. Para maior eficácia, ao usar um desses produtos, deve-se misturar um pouco de gasolina, formando uma massa mole.

MANCHAS ÁCIDAS

São usados reativos básicos, isto é, produtos que têm poder neutralizante, tal como amoníaco; e os de qualidade oxidante, como água oxigenada, o cloreto de cálcio, o perborato de sódio e a água sanitária.

TECIDOS PLÁSTICOS

Quase todas as manchas em plástico saem esfregando-se uma palha de aço nova, sabão de coco e água morna ou fria.

TINTA ESFEROGRÁFICA
Manchas recentes – Esfregue o local usando um pano umedecido em água com um pouco de pasta de limpeza de pias e banheiras.
Manchas antigas – Esfregue com leite frio, uma palha de aço fina nova e sabão de coco. Enxágue com água pura.

TINTA DE IMPRENSA (DE JORNAL)
Use o último processo de TINTA ESFEROGRÁFICA.

MANCHAS COMUNS EM TECIDOS DE PANO

De um modo geral, pode-se tirar qualquer espécie de mancha procedendo da seguinte maneira: na proporção de 10 litros de água, dissolva um punhado de sal de cozinha e outro punhado de potassa. Em seguida, mergulhe o tecido, esfregando os lugares que estiverem manchados. Depois, enxágue até que fique bem claro.

PARA TIRAR MANCHAS COMUNS

Antes de tirar qualquer mancha com um produto, use primeiro uma escova molhada em água e sabão, empregando como emulsão. Isso já é o suficiente para dissolver grande número de manchas. Mas sempre é bom estar prevenida com um bom produto, preparado em casa e guardado para o momento necessário.

Misture:
- 125ml de álcool 90º
- 50ml de gasolina
- 50ml de amoníaco

Coloque em um vidro e guarde bem fechado, para não evaporar.

EM TECIDOS DE COR
Use a seguinte solução: misture 1 colher de sopa de água oxigenada e 1g de permanganato em 1 litro de água.

EM OUTROS TECIDOS
Use a mesma solução descrita para tirar mancha em TECIDOS DE COR, usando o permanganato a 5%.

EM LÃ E SEDA (FIBRA ANIMAL)
Para se remover qualquer mancha nesses tecidos misture:
- 1 parte de água oxigenada
- 2 partes de água
- 5% de amoníaco

Guarde em vidro bem tampado.

TECIDOS DE FIBRAS ARTIFICIAIS

Cada vez mais os tecidos de fibras artificiais estão ocupando espaço no vestuário, quer feminino, quer masculino.

Sendo esses tecidos mais resistentes do que os de fibra de algodão, suas manchas são mais teimosas e mais difíceis de sair. Contudo, alguns tratamentos para manchas em tecidos naturais também podem ser usados nos tecidos artificiais.

Assim sendo, quando aparecerem manchas de:

AÇÚCAR E DOCES, LAMA, QUEIMADO E MOFO, retirá-las seguindo as mesmas instruções das MANCHAS ESPECÍFICAS no capítulo de "Tecidos em geral".

ACETATO
- Use tricloretileno; coloque qualquer pó absorvente (talco, farinha de trigo etc.) por cima e deixe ficar por algum tempo. Depois, escove.
- Aplique benzina.
- Use uma solução de água e amoníaco.
- Não use álcool nem acetona.

ALBENE
Veja "Tecidos em geral".
Jamais use acetona, pois danifica o tecido.

BATOM
Use amoníaco.

RAIOM
Veja "Tecidos em geral".

VELUDO
Use o percloretileno.
Use solvente para limpeza tendo o cuidado para que não se espalhe no tecido, formando outra mancha.

AÇÚCAR – DOCES
Use apenas água morna ou fria.
Não use solvente de limpeza para tirar esse tipo de mancha.
Nota – Depois de ter usado qualquer dos produtos citados, coloque a mancha entre dois mata-borrões (ou papel absorvente) e passe o ferro quente, mudando sempre de lugar, até que o tecido esteja bem seco.

VISCOSAS
Esfregue com água e sabão de coco.
Aplique tricloretileno e cubra com talco, farinha de trigo ou maisena, deixando por algumas horas.

TINTA ESFEROGRÁFICA
Use sabão líquido seguindo as instruções da embalagem.

TECIDOS DE FIBRAS SINTÉTICAS

CRYLOR
Use uma solução bem diluída de água com amônia.

LYCRA

Branca ou de cor clara – De um modo geral, qualquer mancha nesse tecido é tirada da seguinte maneira: com o tecido seco, esfregue no local um pedaço de sabão de coco ligeiramente umedecido e deixe ficar por algum tempo ao sol. Lave normalmente e seque à sombra.

Branco – Use uma solução bem fraca e diluída de água sanitária.

NÁILON
GORDURAS

Trate com água morna e sabão de coco bem espumante. Enxágue e seque à sombra.

PINTURAS E TINTAS

Manchas antigas – Passe primeiro óleo ou toucinho, para destemperá-la. Então, passe benzina cuidadosamente.

NYCRON

Use o mesmo processo da lycra; porém na última enxaguada, acrescente 1 colher de sopa de vinagre branco e 1 colher de chá de goma sintética. Seque à sombra.

ORLOM

- Use água e amônia bem diluída.
- Use suco de limão.

Atenção – Não use ácido oxálico neste tecido.

POLIÉSTER

As manchas neste tecido, assim como as de frutas, saem esticando-se bem a parte manchada sobre um recipiente fundo e alto e derramando-se uma chaleira com água fervente contendo 1 colher de sobremesa de amônia sobre o local.

RHOVIL

Use os mesmos processos para tirar manchas de NÁILON.

TERGAL BRANCO
Use uma solução bem fraca e diluída de água sanitária.

MOFO
Esfregue o local com um pano umedecido em vinagre branco e lave a peça toda com água e sabão de coco. Enxágue bem com água pura e enrole numa toalha, espremendo bastante. Seque à sombra. Guarde somente depois que estiver completamente seca.

ÓLEO DE MÁQUINA
Polvilhe na hora com bastante talco, deixando ficar por algum tempo. Lave com água e sabão de coco, enxágue e deixe secar à sombra.

TECIDOS SINTÉTICOS E ARTIFICIAIS

Muitas manchas nesses tecidos são facilmente retiradas usando-se o sabão líquido, de acordo com as instruções de sua própria embalagem.

MANCHAS NAS MÃOS

Manchas comuns saem esfregando-se mãos e dedos com água, sabão de coco e pedra-pomes; ou ainda com pedra-pomes e limão.

CERA
Com uma esponja ou algodão, passe um óleo próprio para móveis.

COLA
Esfregue um algodão embebido em removedor de esmalte.

FRUTAS
Use uma mistura de limão e vinagre e esfregue com pedra-pomes até sair completamente.

GRAXA DE AUTOMÓVEL
Coloque um pouco de pasta de limpeza nas mãos secas e, sem molhar, esfregue bem as mãos uma na outra. Lave com água pura, enxaguando bem.

GRAXA DE OFICINA
Esfregue um pouco de creme de barbear em aerossol nas mãos secas. Depois, lave com água.

IODO
Esfregue um pouco de creme de barbear em aerossol nas mãos secas. Depois, lave com água.

MERCUROCROMO
Veja IODO.

MERTIOLATE
Veja IODO

NICOTINA / FUMO
Esfregue com uma mistura de suco de limão e água oxigenada.
Esfregue diariamente os locais manchados com pedra-pomes e sabão de coco. Se a mancha persistir, substitua por água oxigenada.
Esfregue um pano ou algodão embebido em acetona.

TINTAS

Eis uma boa dica: para tirar tintas dos dedos, umedeça a cabecinha de um fósforo e aplique sobre a parte manchada. O resultado será imediato.

COLORJET (PINTURA EM GERAL)

Lave as mãos com gasolina, esfregando-as até que saia completamente.

PINTURA DE OBJETOS

Use querosene, aguarrás ou terebintina.
Esfregue um pedaço de toucinho ou de gordura de presunto nas manchas.

TINTA

Remova usando vaselina, óleo de cozinha ou óleo de bebê.

TINTAS DE CARIMBO

Esfregue um algodão embebido em álcool.

TINTA DE ESCREVER

Esfregue com suco de tomate ou com tomate bem maduro.
Esfregue sal de cozinha com suco de limão.

TINTA ESFEROGRÁFICA

Coloque um pouco de amoníaco num pires, despeje sobre o local manchado e esfregue. Depois, use água, sabão de coco e pedra-pomes.
Esfregue com água e vinagre branco.

TINTA DE MÁQUINA DE ESCREVER

Esfregue e molhe com água e sabão de coco até sair.
A mancha vai sair instantaneamente usando-se acetona.

TINTA A ÓLEO OU NÃO
Use querosene, aguarrás ou terebintina.
Tire com cera de assoalho.

ÓLEO
Esfregue com azeite de cozinha. Depois, lave com água morna e sabão.

VERNIZ
Lave com água e sabão. Esfregue nas mãos algodão embebido em óleo de oliva.

DE UM MODO GERAL
Qualquer mancha de graxa (de automóvel, de oficina, de sapato etc.), produtos gordurosos, carvão e outras podem ser retiradas esfregando-se as mãos ou os locais manchados, com pasta para limpeza de pia, a seco. Se a pasta ficar muito seca enquanto estiver esfregando, respingue um pouco de água. Enxágue bem.

Na falta desta pasta, coloque nas mãos um pouco de sabão em pó azul e respingue um pouco de água para formar uma pasta durinha. Esfregue bem e enxágue.

O saponáceo bem fininho dá bons resultados, desde que a seco ou com pinguinhos de água. Enxágue.

ATENDIMENTO AO LEITOR E VENDAS DIRETAS

Você pode adquirir os títulos da BestBolso através do Marketing Direto do Grupo Editorial Record.

- Telefone: (21) 2585-2002
  (de segunda a sexta-feira, das 8h30 às 18h)
- E-mail: mdireto@record.com.br
- Fax: (21) 2585-2010

Entre em contato conosco caso tenha alguma dúvida, precise de informações ou queira se cadastrar para receber nossos informativos de lançamentos e promoções.

Nossos sites:
www.edicoesbestbolso.com.br
www.record.com.br

EDIÇÕES BESTBOLSO

Alguns títulos publicados

1. *Sebastiana Quebra-Galho*, Nenzinha Machado Salles
2. *Maria de todas as graças*, Luciana Savaget
3. *Oráculo dos anjos*, Stellarius
4. *Curso completo de tarô*, Nei Naiff
5. *Dicionário de nomes*, Nelson Oliver
6. *Melancia*, Marian Keyes
7. *Férias!*, Marian Keyes
8. *Nova reunião* (3 volumes), Carlos Drummond de Andrade
9. *Cinquenta crônicas escolhidas*, Rubem Braga
10. *As melhores crônicas de Fernando Sabino*, Fernando Sabino
11. *Jovens polacas*, Esther Largman
12. *Riacho doce*, José Lins do Rego
13. *A casa das sete mulheres*, Leticia Wierzchowski
14. *A carícia do vento*, Janet Dailey
15. *Os delírios de consumo de Becky Bloom*, Sophie Kinsella
16. *O diário de Bridget Jones,* Helen Fielding
17. *O morro dos ventos uivantes*, Emily Brontë
18. *Prelúdio de sangue,* Jean Plaidy
19. *Ramsés – o filho da luz*, Christian Jacq
20. *Fim de caso*, Graham Greene
21. *A taça de ouro*, Henry James
22. *Lendo Lolita em Teerã*, Azar Nafisi
23. *Uma mente brilhante*, Sylvia Nasar
24. *As seis mulheres de Henrique VIII*, Antonia Fraser
25. *Toda mulher é meio Leila Diniz*, Mirian Goldenberg
26. *A outra*, Mirian Goldenberg
27. *O livreiro de Cabul*, Åsne Seierstad
28. *Paula*, Isabel Allende
29. *Por amor à Índia*, Catherine Clément
30. *A valsa inacabada*, Catherine Clément

EDIÇÕES
BestBolso

Este livro foi composto na tipologia Minion, em
corpo 10,5/13, e impresso em papel off-set 56g/m² no Sistema
Cameron da Divisão Gráfica da Distribuidora Record.